プリント形式のリアル過去問で本番の臨場感！

山梨県

山梨英和中学校

2025年春受験用 解答集

本書は，実物をなるべくそのままに，プリント形式で年度ごとに収録しています。
問題用紙を教科別に分けて使うことができるので，本番さながらの演習ができます。

■ 収録内容

・解答集（この冊子です）

書籍ＩＤ番号，この問題集の使い方，最新年度実物データ，リアル過去問の活用，
解答例と解説，ご使用にあたってのお願い・ご注意，お問い合わせ

・2024（令和６）年度 ～ 2022（令和４）年度　学力検査問題

JN132626

○は収録あり	年度	'24	'23	'22			
■ 問題(一般・専願・自己推薦)※1		○	○	○			
■ 解答用紙(書き込み式)※2		○	○	○			
■ 配点							

算数に解説があります

※1…2024年度は一般入試の実施なし
※2…2024年度と2023年度は国語と英語のみ書き込み式
注)問題文等非掲載:2023年度一般国語の二と専願国語の二,2022年度一般国語の一,全年度専願英語の映像を見て答える問題

問題文の非掲載につきまして

著作権上の都合により，本書に収録している過去入試問題の本文の一部を掲載しておりません。ご不便をおかけし，誠に申し訳ございません。

本文の一部を掲載できなかったことによる国語の演習不足を補うため，論説文および小説文の演習問題のダウンロード付録があります。弊社ウェブサイトから書籍ＩＤ番号を入力してご利用ください。

なお，問題の量，形式，難易度などの傾向が，実際の入試問題と一致しない場合があります。

教英出版

■ 書籍ＩＤ番号

入試に役立つダウンロード付録や学校情報などを随時更新して掲載しています。
教英出版ウェブサイトの「ご購入者様のページ」画面で，書籍ＩＤ番号を入力してご利用ください。

書籍ＩＤ番号　101417

（有効期限：2025年9月30日まで）

【入試に役立つダウンロード付録】
「要点のまとめ(国語／算数)」
「課題作文演習」ほか

■ この問題集の使い方

年度ごとにプリント形式で収録しています。針を外して教科ごとに分けて使用します。①片側，②中央のどちらかでとじてありますので，下図を参考に，問題用紙と解答用紙に分けて準備をしましょう（解答用紙がない場合もあります）。

針を外すときは，けがをしないように十分注意してください。また，針を外すと紛失しやすくなりますので気をつけましょう。

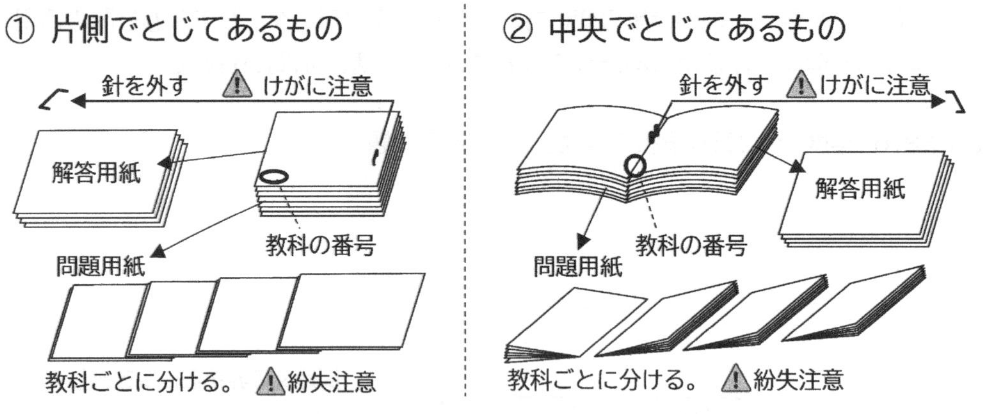

※教科数が上図と異なる場合があります。
解答用紙がない場合や，問題と一体になっている場合があります。
教科の番号は，教科ごとに分けるときの参考にしてください。

■ 最新年度 実物データ

実物をなるべくそのままに編集していますが，収録の都合上，実際の試験問題とは異なる場合があります。実物のサイズ，様式は右表で確認してください。

問題用紙	Ｂ４片面プリント(国，英は書込み式) 算：Ｂ５冊子(二つ折り)
解答用紙	Ｂ４片面プリント

リアル過去問の活用

～リアル過去問なら入試本番で力を発揮することができる～

本番を体験しよう！

問題用紙の形式（縦向き / 横向き），問題の配置や余白など，実物に近い紙面構成なので本番の臨場感が味わえます。まずはパラパラとめくって眺めてみてください。「これが志望校の入試問題なんだ！」と思えば入試に向けて気持ちが高まることでしょう。

入試を知ろう！

同じ教科の過去数年分の問題紙面を並べて，見比べてみましょう。

① 問題の量

毎年同じ大問数か，年によって違うのか，また全体の問題量はどのくらいか知っておきましょう。どのくらいのスピードで解けば時間内に終わるのか，大問ひとつにかけられる時間を計算してみましょう。

② 出題分野

よく出題されている分野とそうでない分野を見つけましょう。同じような問題が過去にも出題されていることに気がつくはずです。

③ 出題順序

得意な分野が毎年同じ大問番号で出題されていると分かれば，本番で取りこぼさないように先回りして解答することができるでしょう。

④ 解答方法

記述式か選択式か（マークシートか），見ておきましょう。記述式なら，単位まで書く必要があるかどうか，文字数はどのくらいかなど，細かいところまでチェックしておきましょう。計算過程を書く必要があるかどうかも重要です。

⑤ 問題の難易度

必ず正解したい基本問題，条件や指示の読み間違いといったケアレスミスに気をつけたい問題，後回しにしたほうがいい問題などをチェックしておきましょう。

問題を解こう！

志望校の入試傾向をつかんだら，問題を何度も解いていきましょう。ほかにも問題文の独特な言いまわしや，その学校独自の答え方を発見できることもあるでしょう。オリンピックや環境問題など，話題になった出来事を毎年出題する学校だと分かれば，日頃のニュースの見かたも変わってきます。

こうして志望校の入試傾向を知り対策を立てることこそが，過去問を解く最大の理由なのです。

実力を知ろう！

過去問を解くにあたって，得点はそれほど重要ではありません。大切なのは，志望校の過去問演習を通して，苦手な教科，苦手な分野を知ることです。苦手な教科，分野が分かったら，教科書や参考書に戻って重点的に学習する時間をつくりましょう。今の自分の実力を知れば，入試本番までの勉強の道すじが見えてきます。

試験に慣れよう！

入試では時間配分も重要です。本番で時間が足りなくなってあわてないように，リアル過去問で実戦演習をして，時間配分や出題パターンに慣れておきましょう。教科ごとに気持ちを切り替える練習もしておきましょう。

心を整えよう！

入試は誰でも緊張するものです。入試前日になったら，演習をやり尽くしたリアル過去問の表紙を眺めてみましょう。問題の内容を見る必要はもうありません。どんな形式だったかな？受験番号や氏名はどこに書くのかな？…ほんの少し見ておくだけでも，志望校の入試に向けて心の準備が整うことでしょう。

そして入試本番では，見慣れた問題紙面が緊張した心を落ち着かせてくれるはずです。

※まれに入試形式を変更する学校もありますが，条件はほかの受験生も同じです。心を整えてあせらずに問題に取りかかりましょう。

2024 解答例 令和6年度 山梨英和中学校【専願】【自己推薦】

《専願　国語》

一　問一．(1)イ　(2)イ　(3)ウ　　問二．ウ　　問三．（Ⅰ）ウ　（Ⅱ）ア　　問四．ア　　問五．A．ウ　B．エ　C．イ　D．ア　　問六．世の中の役に立てるようになりたい　　問七．エ　　問八．山林の乱伐や盗伐によって山の保水力がなくなり、土砂崩れを起こしてしまったから。　　問九．A

二　問一．1．ウ　2．ア　3．エ　4．イ　　問二．だれかがしなければいけないことがあったら、それは自分の仕事だというふうに考える人　　問三．堤防に開いていた小さな穴に小石をおしこんで水を止めたこと。／雪のふった日に、朝早起きをして雪かきをしたこと。　　問四．だれもその功績を知らない英雄は、自分たちの英雄的行為を、結果を予測せずに、ごく日常的なふるまいとしておこなっているから。　　問五．1．だれかが引き受けなければならない仕事をだれがやるかを、みんなで相談して決めること。　2．かんたんな仕事をだれがやるかということを、みんなで集まって相談するのは非効率的だから。　　問六．ハッピーな人生を送ること。

三　①イ　②ウ　③エ

四　①イ　②ア

五　①蒸発　②専念　③創造　④供給　⑤言論　⑥耕す　⑦治める　⑧裁かれる　⑨こうろん　⑩ちょうほう

《専願　算数》

1　(1)37　(2)8　(3)8.59　(4)12.48　(5)商…4.9　余り…0.26　(6)$\frac{17}{24}$　(7)$\frac{2}{3}$　(8)$\frac{1}{2}$　(9)$\frac{11}{60}$　(10)6.4　(11)126　(12)16

※2　(1)18.4　(2)400　(3)5.13

3　(1)1350　※(2)9時42分　※(3)9時26分

※4　(1)210　(2)18000　(3)5040　(4)451

※5　(1)右図　(2)2，3，5，7，11，13，17，19 などから1つ　(3)84

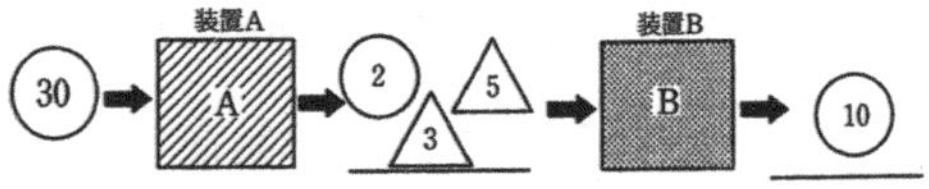

※の式は解説を参照してください。

《専願　英語》

Ⅰ　解答例は掲載《けいさい》しておりません。

Ⅱ　Part1．(1)4　(2)3　(3)1　(4)3　(5)2　(6)1　　Part2．(1)4　(2)2　(3)1　　Part3．(1)2　(2)3　(3)1　Part4．(1)3　(2)2　(3)1　(4)2

《自己推薦　作文》

〈作文のポイント〉

・最初に自分の主張、立場を明確に決め、その内容に沿って書いていく。

・わかりやすい表現を心がける。自信のない表現や漢字は使わない。

さらにくわしい作文の書き方・作文例はこちら！→

https://kyoei-syuppan.net/mobile/files/sakupo.html

1 (1) 与式＝40－3＝**37**

(2) 与式＝180÷45×2＝180×$\frac{1}{45}$×2＝**8**

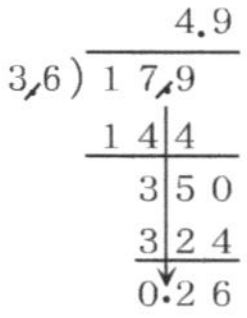

(5) 余りの小数点の位置に注意する。右のように計算すると，17.9÷3.6＝**4.9** 余り **0.26**

(6) 与式＝$\frac{20}{24}-\frac{9}{24}+\frac{6}{24}=\mathbf{\frac{17}{24}}$

(7) 与式＝$\frac{14}{9}\div\frac{7}{3}=\frac{14}{9}\times\frac{3}{7}=\mathbf{\frac{2}{3}}$

(8) 与式＝$\frac{3}{5}\div(\frac{10}{15}-\frac{6}{15})\times\frac{2}{9}=\frac{3}{5}\div\frac{4}{15}\times\frac{2}{9}=\frac{3}{5}\times\frac{15}{4}\times\frac{2}{9}=\mathbf{\frac{1}{2}}$

(9) 与式＝$\frac{6}{5}\times\frac{1}{2}-\frac{1}{3}\div\frac{8}{10}=\frac{6}{5}\times\frac{1}{2}-\frac{1}{3}\div\frac{4}{5}=\frac{6}{5}\times\frac{1}{2}-\frac{1}{3}\times\frac{5}{4}=\frac{3}{5}-\frac{5}{12}=\frac{36}{60}-\frac{25}{60}=\mathbf{\frac{11}{60}}$

(10) 与式＝(3.75－2.75)×6.4＝1×6.4＝**6.4**

(11) 与式＝214－(91－48÷16)＝214－(91－3)＝214－88＝**126**

(12) 与式より，(□＋8)÷2＝27－15　□＋8＝12×2　□＝24－8　□＝**16**

2 (1) **【解き方】(5人の平均点)×5－(A，Bの平均点)×2＝(C，D，Eの合計点)より求める。**

5人全員の合計点は17.4×5＝87(点)で，A，Bの2人の合計点は15.9×2＝31.8(点)だから，C，D，Eの3人の合計点は，87－31.8＝55.2(点)である。よって，C，D，Eの3人の平均点は55.2÷3＝**18.4**(点)

(2) **【解き方】お金を渡した後の和子さんの所持金が，全体の所持金のいくらにあたるかを考える。**

2人の所持金の合計は2100＋1650＝3750(円)で，いくらか渡すと英子さんの所持金は和子さんの2倍になるので，渡した後の和子さんの所持金は，2人の所持金の合計の$\frac{1}{2+1}=\frac{1}{3}$にあたる大きさになる。よって，3750×$\frac{1}{3}$＝1250(円)となるから，和子さんが英子さんに渡したお金は，1650－1250＝**400**(円)

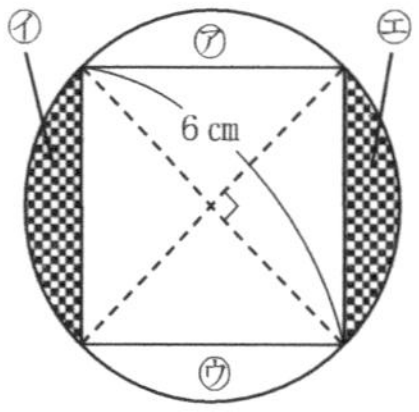

(3) 右の図のように作図する。㋐～㋓の面積の合計は，半径が6÷2＝3(㎝)の円の面積から，対角線が6㎝の正方形の面積をひいた面積になるので，3×3×3.14－6×6÷2＝28.26－18＝10.26(㎠)となる。色のついた部分の面積は，㋐～㋓の面積の合計の半分となるので，10.26÷2＝**5.13**(㎠)

3 (1) 英子さんは，分速90mで15分間歩いたときに和子さんに出会ったので，90×15＝**1350**(m)

(2) 2人が一緒に出発した地点から図書館までの道のりは(1)より，3000－1350＝1650(m)で，分速75mで歩いたことから，2人で歩いた時間は，1650÷75＝22(分)なので，英子さんが家を出てから図書館に到着したのは，午前9時から20＋22＝42(分)後の，**午前9時42分**

(3) 午前9時34分は，2人が一緒に出発してから34－20＝14(分)後なので，家からの道のりは(1)より，1350＋75×14＝2400(m)の地点なので，お姉さんが追いつくまでに自転車で進んだ時間は，2400÷300＝8(分)間となる。よって，お姉さんが家を出発した時間は，午前9時34分の8分前だから，34－8＝26(分)より，**午前9時26分**

4 (1) 150円の40％増しは，1＋0.4＝1.4(倍)なので，定価は，150×1.4＝**210**(円)

(2) 1個あたりの利益は(1)より，210－150＝60(円)なので，300個売れたときの利益は，60×300＝**18000**(円)

(3) **【解き方】(1個あたりの減った利益)×(割引きして販売した個数)で求める。**

定価の20％引きは，1－0.2＝0.8(倍)なので，210×0.8＝168(円)だから，1個あたりの利益は，168－150＝18(円)になる。(2)より定価の1個あたりの利益は60円だから，定価から定価の20％引きにすると，1個あたりの利益は定価のときより，60－18＝42(円)減り，20％引きにした個数は，300－180＝120(個)なので，すべて定価で販売したときより，利益は42×120＝**5040**(円)減る。

(4)　**【解き方】定価ですべて売れたときの利益を，値引きしたときの１個あたりの利益でわることで，必要な個数を求める。**

定価より20円安く販売したので販売した価格は210－20＝190(円)で，このときの１個あたりの利益は，190－150＝40(円)となる。１日目と同じ利益を出すためには，１日目の利益は(2)より18000円なので，18000÷40＝450(個)売る必要がある。１日目より多くの利益を出すためには，お菓子を450＋１＝**451**(個)以上製造・販売する必要がある。

5　(1)　**【解き方】装置Ａに数を入れると，その数を素数の積で表したときのそれぞれの数で表され，装置Ｂに数を入れると，入れた数の和となることから考える。**

装置Ａに入れると，12が２，２，３となり，70が２，５，７となり，31が31に表されていることから，その数を素数の積で表したときのそれぞれの数となっていることが分かり，装置Ｂに入れると，２＋２＋３＝７，２＋５＋７＝14より，入れた数の和となっていることが分かる。また，○で囲まれている数は偶数で，△で囲まれている数は奇数となっている。したがって，30は㉚と表され，30＝２×３×５なので，30を装置Ａに入れると，②，△3，△5と表され，２，３，５を装置Ｂに入れると，２＋３＋５＝10より⑩と表される。

(2)　(1)より，入れた数と出てくる数が変わらない数は，もとの数が素数のときである。よって，**2**などの素数を書けばよい。

(3)　**【解き方】装置Ｂの値から装置Ａから出てきた○と△の数の条件を考えて，装置Ａから出てきた数を求める。**

装置Ａから出てきたときの○を㋐，△を△イと表すと，㋐＋△イ＋２＋３＝14より，㋐と△イの和は14－５＝９となる。(1)より，装置Ａから出てきた数は素数であることから，㋐の数は偶数であり素数である２ということが分かるので，△イの数は９－２＝７となる。したがって，装置Ａに入れた数は，装置Ａから出てきた数の積なので，２×２×７×３＝**84**

《一般　国語》

一　問一．はじめ…モッチはぜ　終わり…えたから。　問二．みんなの子分みたいにされていても言い返せないこと。　問三．1．イ　2．ア　3．エ　4．ウ　問四．モッチのことが好きなのではないかということ。　問五．エ　問六．ア　問七．先生にあてられたくないと思ったから。　問八．1．モッチのほうには目をむけないようにしよう　2．モッチのほうを見てしまった　問九．自分は自分

二　問一．⑴a．4億7000万トン　b．18億トン　⑵経済成長と人口増加　問二．A．ウ　B．エ　C．ア　D．イ　問三．ごみを焼却してエネルギーに変えること。　問四．輸出されるか、倉庫に溜まっている。　問五．c．24%　d．40%以上　e．約30%　問六．エ　問七．はじめ…プラスチッ　終わり…きている。　問八．ウ

三　①イ　②ケ　③サ　④ソ　⑤ナ

四　①操作　②規律　③招待　④有効　⑤関心　⑥険悪　⑦訪問　⑧整える　⑨くめん　⑩ごうじょう

《一般　算数》

1　⑴43　⑵167　⑶0.78　⑷15.12　⑸商…15.2　余り…0.16　⑹$\frac{7}{24}$　⑺$\frac{6}{35}$　⑻$4\frac{1}{6}$　⑼$\frac{1}{12}$　⑽$\frac{9}{16}$　⑾45　⑿28

※2　⑴24　⑵1050　⑶75

※3　⑴48.84　⑵293.04

※4　⑴135　⑵45　⑶275

※5　⑴5530　⑵3820　⑶A，20

※の式は解説を参照してください。

《専願　国語》

一　問一．a．ア　b．イ　問二．A．エ　B．ア　C．イ　D．ウ　問三．イ　問四．オルゴールの注文をとりさげるため、日をあらためて出向こうと考えたから。　問五．エ　問六．約束していたわけではないのに、ずいぶんと準備がいいことを不思議に思っていたこと。　問七．コーヒーが作り置きではなく、きちんといれられたものだということ。　問八．ア

二　問一．A．エ　B．ア　問二．a．エ　b．ウ　c．ア　d．イ　問三．ウ　問四．アフガニスタンで起きていた戦争からのがれてきたから。　問五．パキスタンとアフガニスタンの国境付近。　問六．地下水自体がかれ始めたことに気づいたから。　問七．C　問八．大干ばつのため飲み水がなく、どろ水を飲んでいたから。

三　①ウ　②エ　③オ

四　①ア　②イ

五　①夢中　②温暖　③臨時　④輸出　⑤指揮　⑥縮めた　⑦映す　⑧ふる　⑨あんぴ　⑩しゅしゃ

《専願　算数》

[1]　(1)25　(2)15　(3)1.59　(4)1.12　(5)商…2.1　余り…0.15　(6)$\frac{1}{4}$　(7)$\frac{27}{28}$　(8)$\frac{4}{21}$　(9)34　(10)$\frac{27}{40}$
(11)34　(12)17

※[2]　(1)80　(2)1200　(3)4.56

[3]　(1)ア．三角柱　イ．20　※(2)320　※(3)320　※(4)320
(5)考え方…［直方体から三角柱をひく　$8\times13\times4-6\times4\times\frac{1}{2}\times8=320$］
［２つの三角柱にわけてたす　$4\times7\times\frac{1}{2}\times8+13\times4\times\frac{1}{2}\times8=320$］などから１つ　320

※[4]　(1)英子…1200　姉…1500　(2)お姉／140　(3)5100

※[5]　(1)80　(2)12　(3)7　(4)96

※の式は解説を参照してください。

《専願　英語》

[Ⅰ]　解答例は掲載《けいさい》しておりません。

[Ⅱ]　Part1.　(1)2　(2)4　(3)2　(4)2　(5)2　(6)3　Part2.　(1)3　(2)1　(3)4　Part3.　(1)2　(2)2　(3)1
Part4.　(1)1　(2)3　(3)4　(4)4

《自己推薦　作文》

〈作文のポイント〉

・最初に自分の主張、立場を明確に決め、その内容に沿って書いていく。

・わかりやすい表現を心がける。自信のない表現や漢字は使わない。

さらにくわしい作文の書き方・作文例はこちら！→https://kyoei-syuppan.net/mobile/files/sakupo.html

←解答例は前のページにありますので，そちらをご覧ください。

1 (1) 与式＝57－14＝**43**

(2) 与式＝14×15－43＝210－43＝**167**

(5) 右の筆算より，26÷1.7＝**15.2 余り 0.16**

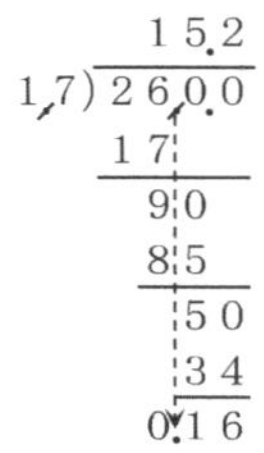

(6) 与式＝$\frac{16}{24}+\frac{12}{24}-\frac{21}{24}=\mathbf{\frac{7}{24}}$

(7) 与式＝$\frac{8}{21}\times\frac{9}{20}=\mathbf{\frac{6}{35}}$

(8) 与式＝$\frac{15}{2}-\frac{25}{18}\times\frac{12}{5}=\frac{15}{2}-\frac{10}{3}=\frac{45}{6}-\frac{20}{6}=\frac{25}{6}=\mathbf{4\frac{1}{6}}$

(9) 与式＝$(\frac{3}{10}-\frac{2}{10})\times\frac{5}{6}=\frac{1}{10}\times\frac{5}{6}=\mathbf{\frac{1}{12}}$

(10) 与式＝$\frac{18}{10}\times\frac{5}{6}\div\frac{8}{3}=\frac{9}{5}\times\frac{5}{6}\times\frac{3}{8}=\mathbf{\frac{9}{16}}$

(11) 与式＝(13＋17)×1.5＝30×1.5＝**45**

(12) 与式＝100－{19＋(112－37)÷15}×3＝100－(19＋75÷15)×3＝100－(19＋5)×3＝100－24×3＝100－72＝**28**

2 (1) 求める割合は，$\frac{12}{50}\times100=$**24**(％)

(2) 妹が出した金額《きんがく》と，姉と妹が出した金額の合計の比は，7：(11＋7)＝7：18 だから，求める金額は，$2700\times\frac{7}{18}=$**1050**(円)

(3) 右のように記号をおく。角イ＝30°，角ウ＝45°である。

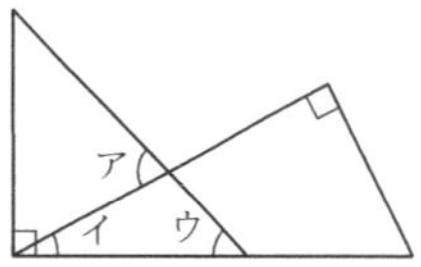

三角形の1つの外角は，これととなり合わない2つの内角の和に等しいから，

角ア＝角イ＋角ウ＝30°＋45°＝**75°**

3 **【解き方】円の中心が通ったあとは右図の太線部分で，円が通ったあとは右図の色付き部分と斜線《しゃせん》部分である。**

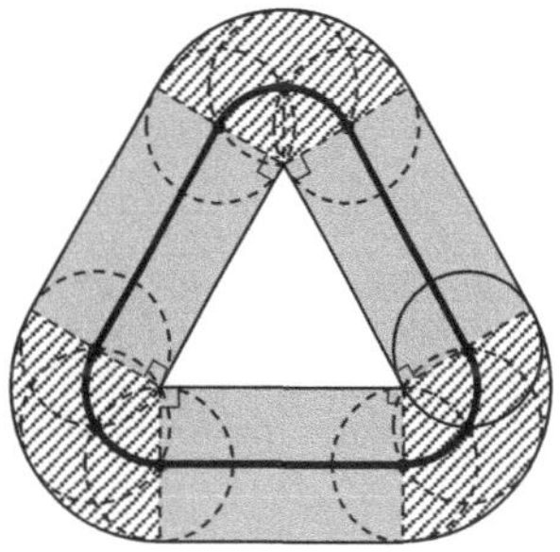

(1) 直線部分と曲線部分に分けて考える。

直線部分の長さの和は，10×3＝30(cm)

曲線部分を合わせると半径が6÷2＝3(cm)の円になるので，

曲線部分の長さの和は，3×2×3.14＝18.84(cm)

よって，求める長さは，30＋18.84＝**48.84**(cm)

(2) 色付き部分と斜線部分で分けて考える。

色付き部分の面積の和は，(6×10)×3＝180(cm²)

斜線部分を合わせると半径が6cmの円になるので，斜線部分の面積の和は，6×6×3.14＝113.04(cm²)

よって，求める面積は，180＋113.04＝**293.04**(cm²)

4 (1) 36円で60cmだから，求める長さは，$60\times\frac{81}{36}=$**135**(cm)

(2) 225cmの針金の代金は，$36\times\frac{225}{60}=$135(円)である。96円で32gだから，求める重さは，$32\times\frac{135}{96}=$**45**(g)

(3) 代金が270円の針金の重さは，$32\times\frac{270}{96}=$90(g)である。2つに切ったうちの長いほう針金の重さの2倍は90＋20＝110(g)だから，長いほうの針金の重さは，110÷2＝55(g)である。

(2)より，45gの針金の長さは225cmだから，求める長さは，$225\times\frac{55}{45}=$**275**(cm)

5 (1)　2kmをこえてからは，500m＝0.5kmごとに190円が加算される。

道のりが14.4kmのとき，2kmよりも14.4－2＝12.4(km)長いので，12.4÷0.5＝24.8より，190円が加算されるのは1＋24＝25(回)である。よって，求める金額は，780＋190×25＝**5530**(円)

(2)　A社のタクシーは，16分＝$\frac{16}{60}$時間＝$\frac{4}{15}$時間で36×$\frac{4}{15}$＝9.6(km)進む。

9.6－2＝7.6，7.6÷0.5＝15.2より，190円が加算されるのは1＋15＝16(回)だから，求める金額は，

780＋190×16＝**3820**(円)

(3)　**【解き方】B社の料金は，加算される距離《きょり》料金と時間料金をそれぞれ計算して求める。**

(1)より，A社の料金は5530円である。

B社について，14.4－1.2＝13.2，13.2÷0.5＝26.4より，150円が1＋26＝27(回)加算されるので，加算される距離料金は，150×27＝4050(円)

1.2km以降でかかった時間は(14.4－1.2)÷36×60＝22(分)であり，22÷3＝7余り1より，120円が1＋7＝8(回)加算されるので，加算される時間料金は，120×8＝960(円)

よって，B社の料金は，540＋4050＋960＝5550(円)

したがって，**A**社のほうが5550－5530＝**20**(円)安くなる。

1 (1) 与式＝18＋７＝**25**

(2) 与式＝63－８×６＝63－48＝**15**

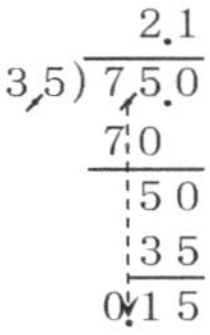

(5) 右の筆算より，7.5÷3.5＝**2.1 余り 0.15**

(6) 与式＝$\frac{2}{12}+\frac{9}{12}-\frac{8}{12}=\frac{3}{12}=\mathbf{\frac{1}{4}}$

(7) 与式＝$\frac{15}{16}\times\frac{36}{35}=\mathbf{\frac{27}{28}}$

(8) 与式＝$\frac{6}{7}-\frac{3}{5}\times\frac{10}{9}=\frac{6}{7}-\frac{2}{3}=\frac{18}{21}-\frac{14}{21}=\mathbf{\frac{4}{21}}$

(9) 与式＝$1.5\times28-\frac{2}{7}\times28=42-8=\mathbf{34}$

(10) 与式＝$\frac{9}{4}\div\frac{24}{10}\times\frac{18}{25}=\frac{9}{4}\times\frac{10}{24}\times\frac{18}{25}=\mathbf{\frac{27}{40}}$

(11) 与式＝(3.6＋1.4)×6.8＝５×6.8＝**34**

(12) 与式＝21－(250－234)÷８×２＝21－16÷８×２＝21－２×２＝21－４＝**17**

2 (1) **【解き方】(平均点)＝(合計点)÷(教科数)，(合計点)＝(平均点)×(教科数)で求められる。**

３科目も合計点は78×３＝234(点)なので，４科目の合計点は234＋86＝320(点)

よって，４科目の平均点は，320÷４＝**80**(点)

(2) 20％＝$\frac{20}{100}=\frac{1}{5}$だから，求める代金は，$1500\times(1-\frac{1}{5})=$**1200**(円)

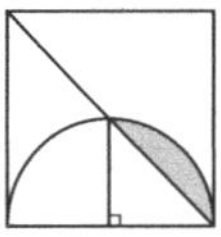

(3) 右のように線をひく。求める面積は，半径が８÷２＝４(cm)の円の$\frac{1}{4}$のおうぎ形の面積から，直角をはさむ２辺の長さが４cmの直角二等辺三角形の面積をひけばよいので，

$4\times4\times3.14\times\frac{1}{4}-4\times4\div2=12.56-8=$**4.56**(cm²)

3 (1) 立体を図ⅰのように２つにわけると，直方体と**三角柱**にわけられる。全く同じ立体を逆さにして組み合わせると図ⅱのようになる。

図ⅰ

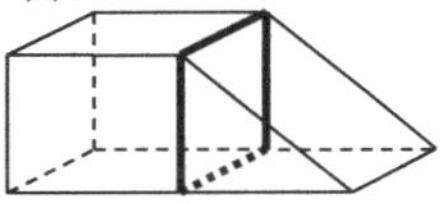

図ⅱ

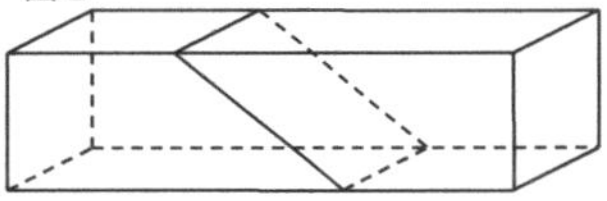

これは縦が８cm，横が13＋７＝**20**(cm)，高さが４cmの直方体である。

(2) ２つの立体に分けたうちの直方体の体積は，８×７×４＝224(cm³)

三角柱は底面積が４×(13－７)÷２＝12(cm²)で高さが８cmだから，体積は，12×８＝96(cm³)

よって，求める体積は，224＋96＝**320**(cm³)

(3) 台形の面積は，{(上底)＋(下底)}×(高さ)÷２で求められる。

台形を底面とすると，底面積が(７＋13)×４÷２＝40(cm²)で高さが８cmとなるから，体積は，40×８＝**320**(cm³)

(4) (1)より，立体を２つ合わせてできる直方体の体積は８×20×４＝640(cm³)だから，求める体積は，640÷２＝**320**(cm³)

(5) 解答例の考え方の１つの目は図Ⅰのように三角柱を合わせることで直方体を作っており，２つ目は図Ⅱのように立体を２つの三角柱に分けている。考え方は他にもいくつかある。

図Ⅰ

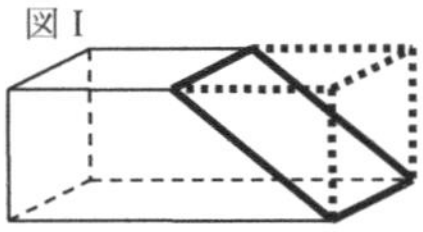

図Ⅱ

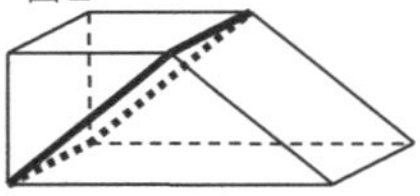

4 (1) ２人で2700円のプレゼントを買い，お姉さんのほうが300円多く払ったのだから，英子さんが払った金額《きんがく》の２倍は，2700－300＝2400(円)である。

よって，英子さんは2400÷２＝**1200**(円)，お姉さんは1200＋300＝**1500**(円)払った。

(2) 映画代は２人とも同じ金額だけ払い，プレゼント代はお姉さんのほうが300円多く払った。

全体の支払い額は，お姉さんのほうが440円多かったのだから，お昼に食べたハンバーガーは，**お姉**さんのほうが440－300＝**140**(円)高かったことがわかる。

(3) **【解き方】英子さんの支払い額→英子さんの所持金，の順で求める。**

支払い額は，２人合わせて6560円で，お姉さんのほうが440円多いのだから，英子さんの支払い額の２倍は6560－440＝6120(円)，英子さんの支払い額は6120÷２＝3060(円)である。

英子さんの残金は所持金の４割＝0.4だから，支払い額は所持金の１－0.4＝0.6となる。

よって，英子さんの所持金は，3060÷0.6＝**5100**(円)

5 **【解き方】グラフの横のマスは，12マスで14時－13時＝１時間＝60分なので，１マスは60÷12＝５(分)を表す。たてのマスは，５マスで２km＝2000mなので，１マスは2000÷５＝400(m)(0.4km)を表す。**

(1) 英子さんは家から公園まで，５分で400m進むから，求める速さは，分速(400÷５)m＝分速**80**m

(2) お姉さんは５×４＝20(分)，つまり，$\frac{20}{60}=\frac{1}{3}$(時間)で４km進むから，求める速さは，時速$(4\div\frac{1}{3})$km＝時速**12**km

(3) **【解き方】英子さんのグラフが真横の直線になった位置が公園なので，公園は家から0.4×４＝1.6(km)はなれた位置にある。**

英子さんが公園に着くのは，お姉さんが図書館を出てから５分後である。

お姉さんは，図書館から公園までの４－1.6＝2.4(km)を，2.4÷12＝0.2(時間)，つまり，0.2×60＝12(分)で進む。

よって，お姉さんが公園を通ったのは，英子さんが公園に着いてから12－５＝**7**(分後)である。

(4) 公園で休んだ後，５×５＝25(分)で図書館に到着すればよい。

公園から図書館までは2.4km＝2400mだから，求める速さは，分速(2400÷25)m＝分速**96**m

山梨英和中学校【一般】【専願】【自己推薦】

《一般　国語》

一 問一．(1)ウ　(2)ウ　問二．(a)イ　(b)ウ　問三．A．エ　B．ア　C．ウ　D．イ　問四．イ
問五．事故が起きた時の責任だけを心配している点。　問六．柊市の市長(さん)　問七．ツル　問八．ウ
問九．エ　問十．B

二 問一．(A)エ　(B)ウ　(C)ア　(D)イ　問二．あまりにも三十五度以上の日が当たり前となったので。
問三．(1)大気を温めるガス／熱を吸収するガス　(2)産業革命　(3)地球の平均気温は氷点下十九度になり，人類が住める環境ではなくなる。　問四．(1)化石燃料　(2)車／電気／蒸気機関車／工業化 などから2つ　問五．ア．2　イ．3　ウ．1　問六．(例文)二酸化炭素をなるべく排出しないようにする。

三 ①エ　②イ　③カ　④エ　⑤ウ

四 ①寸法　②土俵　③指揮　④備える　⑤導く　⑥乱雑　⑦祖母　⑧沿岸　⑨ひんぷ
⑩ひきいて

《一般　算数》

1 (1)35　(2) $2\frac{17}{30}$　(3) $\frac{4}{9}$　(4)商…5.2　余り…0.06　(5)123

2 (1)24 g　(2)35 分　(3)105

3 (1)120 人　(2)5％

4 (1)32　(2)1，3，7，9　(3)7　(4)6

5 (1)7分 30 秒　(2)8回

6 (1)4 cm　(2)32 cm²　(3)12.56 cm²

※途中の計算は解説を参照してください。

《専願　国語》

一 問一．A．エ　B．ウ　C．イ　D．ア　問二．自由自在に駆使　問三．ウイルスに感染したときのために、治す方法を早く教えてあげたい　問四．イ　問五．使おうと思っても、錆びついてしまい、いざという時に出てこなくなってしまうから。　問六．エ　問七．ウイルスに効く「抗ウイルス薬」や治療方法がまだ見つかっていないから。　問八．ア．×　イ．○　ウ．×　エ．○

二 問一．①ウ　②イ　問二．話してはいけません　問三．A．ウ　B．エ　C．ア　D．イ　問四．叔母さんに話す／話さない／叔母さんが何と言うか知りたくない（下線部は叔母さんの小言から救ってあげたい／早く帰らなくてはならないでもよい）　問五．イ　問六．(1)楽しいことを見つける　(2)パンと牛乳は大好きだし、ナンシーといっしょに食べることができてうれしい　問七．パレ―おばさんが相手をしてくれることはないと思ったから。
〔別解〕パレアナに悲しい思いをさせたくなかったから。

三 ①カ　②エ　③ア　④ウ　⑤オ

四 ①机　②呼吸　③困り　④雑誌　⑤せんきょう　⑥体操　⑦しょせつ　⑧泉　⑨尊敬
⑩まんちょう

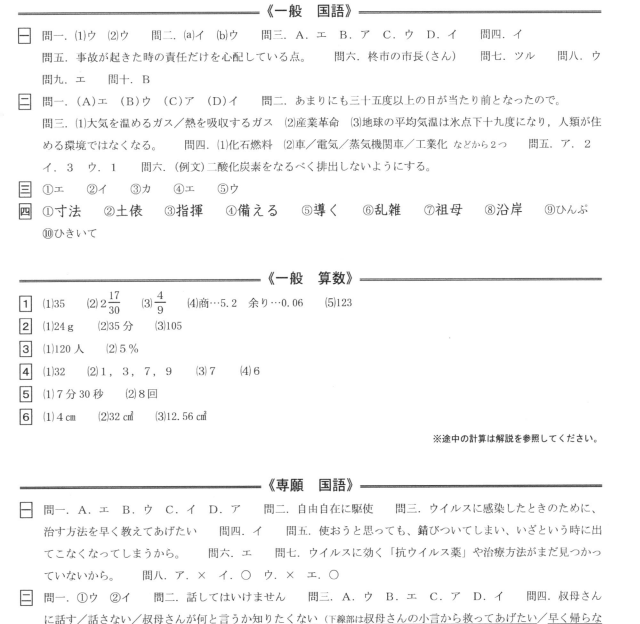

《専願　算数Ａ》

1　(1)38　(2)5.52　(3)$2\frac{1}{4}$　(4)商…36　余り…16　(5)$\frac{2}{9}$

2　(1)288人　(2)18分　(3)57.12 cm

3　4，1540，3，2.6，3.5，M，105

4　(1)ア．A　イ．H　ウ．E　(2)8 cm　(3)192 ㎤

※途中の計算は解説を参照してください。

《専願　算数Ｂ》

1　(1)1007　(2)6.8　(3)$1\frac{2}{3}$　(4)27

2　(1)250円　(2)4分10秒　(3)14.13 ㎠

3　(1)300 ㎤　(2)ア．20　イ．21　(3)30分

4　(1)①23　②20　(2)①88　②84番目

※途中の計算は解説を参照してください。

《専願　英語》

I　省略

II　Part1．(1)4　(2)4　(3)3　(4)4　(5)1　(6)2　Part2．(1)2　(2)1　(3)3　Part3．(1)1　(2)4　(3)2

Part4．(1)4　(2)3　(3)3　(4)2

《自己推薦　作文》

〈作文のポイント〉

・最初に自分の主張、立場を明確に決め、その内容に沿って書いていく。

・わかりやすい表現を心がける。自信のない表現や漢字は使わない。

さらにくわしい作文の書き方・作文例はこちら！→

https://kyoei-syuppan.net/mobile/files/sakupo.html

2022 算数解説 令和４年度 ▶ 山梨英和中学校【一般】

←解答例は前のページにありますので，そちらをご覧ください。

1 (1) 与式＝5×(25－18)＝5×7＝35

(2) 与式＝$3\frac{12}{30}-2\frac{10}{30}+1\frac{15}{30}=2\frac{17}{30}$

(3) 与式＝$\frac{25}{42}\div\frac{15}{8}\times\frac{7}{5}=\frac{25}{42}\times\frac{8}{15}\times\frac{7}{5}=\frac{4}{9}$

(4) 右の筆算より，与式＝5.2余り0.06　　余りの小数点の位置に気を付ける。

```
        5.2
3.7 ) 19.3
      18 5
         80
         74
        0.06
```

(5) 与式＝(0.86＋0.37)×66＋1.23×34＝1.23×66＋1.23×34＝1.23×(66＋34)＝1.23×100＝123

2 (1) チョコレート70gに28gの脂質が含《ふく》まれるから，チョコレート60gに含まれる脂質は，$28\times\frac{60}{70}$＝24(g)

(2) **【解き方】同じ距離《きょり》を進むのにかかる時間の比は，速さの比の逆比に等しい。**

家から学校まで，時速4.2km＝分速$\frac{4.2\times1000}{60}$m＝分速70mで行くときと分速50mで行くときのかかる時間の比は，70：50＝7：5の逆比の5：7だから，求める時間は，$25\times\frac{7}{5}$＝35(分)

(3) 最大公約数を求めるときは，右の筆算のように割り切れる数で次々に割っていき，割った数をすべてかけあわせればよい。よって，210と1155の最大公約数は，3×5×7＝105

```
3) 210 1155
5)  70  385
7)  14   77
     2   11
```

3 (1) 昨年の男子の$1+\frac{25}{100}=\frac{5}{4}$が150人だから，昨年の男子の人数は，$150\div\frac{5}{4}$＝120(人)

(2) 昨年の女子の$1-\frac{10}{100}=\frac{9}{10}$が144人だから，昨年の女子の人数は，$144\div\frac{9}{10}$＝160(人)

学校全体では，昨年より(150＋144)－(120＋160)＝14(人)増えたから，求める割合は，$\frac{14}{120+160}\times100$＝5(%)

4 (1) 2^5＝2×2×2×2×2＝32

(2) **【解き方】一の位の数だけを考えればいいので，3を何回かかけ合わせていくとき，計算結果の一の位だけに3をかけることをくり返し，一の位の数の変化を調べる。**

一の位の数は，3→3×3＝9→9×3＝27→7×3＝21→1×3＝3→…，と変化するので，3，9，7，1という4つの数がくり返される。よって，求める数字は，1，3，7，9である。

(3) 123÷4＝30余り3より，3を123回かけると，一の位の数は3，9，7，1が30回くり返されたあとに3，9，7と変化するので，求める一の位の数は7である。

(4) (3)をふまえる。(4)の式に3を加えた場合，一の位の数の和は，(3＋9＋7＋1)×30＋3＋9＋7＝619となるので，(4)の式の一の位の数の和は，619－3＝616となる。よって，求める一の位の数は6である。

5 (1) 15分間の学習を3回すると，休けい時間の合計は60－15×3＝15(分)であり，休けいは2回行うので，1回の時間は，15÷2＝7.5(分)，つまり。7分30秒である。

(2) **【解き方】15分間の学習をするとき，2回目以降の学習は，休けい時間も含《ふく》めて1回で2＋15＝17(分)かかる。**

算数1時間＝60分，休けい15分，国語1時間＝60分の合計は，60＋15＋60＝135(分)

15分間の学習をするとき，最初の1回を除く残りの135－15＝120(分)で，120÷17＝7余り1より，あと7回学習ができるので，最大で8回学習することができる。

6 (1) **【解き方】(円の面積)＝(半径)×(半径)×3.14なので，(半径)×(半径)＝(円の面積)÷3.14で求められる。**

【図1】の円の(半径)×(半径)の値は50.24÷3.14＝16である。16＝4×4なので，【図1】の円の半径は4cmである。

(2) **【解き方】正方形(ひし形)の面積は，(対角線)×(対角線)÷2で求められる。**

【図2】の正方形は対角線の長さが円の直径に等しく4×2＝8(cm)だから，面積は，8×8÷2＝32(cm²)

⑶　【解き方】【図４】について右のように作図する。一番小さい円の半径はＥＦの長さの半分だから，ＥＦの値を求める。

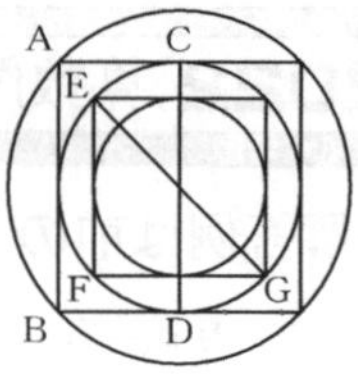

一番大きい正方形の面積は 32 ㎠だから，ＡＢ×ＡＢ＝32

ＡＢ＝ＣＤ＝ＥＧだから，２番目に大きい正方形の面積は，ＥＧ×ＥＧ÷２＝32÷２＝16(㎠)

よって，ＥＦ×ＥＦ＝16 であり，16＝４×４だから，ＥＦ＝４㎝

一番小さい円の半径は４÷２＝２(㎝)だから，面積は，２×２×3.14＝12.56(㎠)

2022 算数解説 令和４年度 山梨英和中学校【専願Ａ】

1 (1) 与式＝98－60＝38

(3) 与式＝$2\frac{2}{5}-(\frac{8}{20}-\frac{5}{20})=2\frac{8}{20}-\frac{3}{20}=2\frac{5}{20}=2\frac{1}{4}$

(4) 右の筆算より，与式＝36 余り 16

```
        3 6
1 4 5)5 2 3 6
      4 3 5
        8 8 6
        8 7 0
          1 6
```

(5) 与式＝$\frac{8}{15}\times\frac{7}{4}\div\frac{21}{5}=\frac{8}{15}\times\frac{7}{4}\times\frac{5}{21}=\frac{2}{9}$

2 (1) 求める人数は，720×0.4＝288(人)

(2) **【解き方】同じ距離《きょり》を進むのにかかる時間の比は，速さの比の逆比に等しいことを利用する。**

行きは 500÷50＝10(分)かかる。行きと帰りでかかる時間の比は，速さの比である１：$\frac{5}{4}$＝４：５の逆比の５：４となるので，帰りは 10×$\frac{4}{5}$＝８(分)かかる。よって，求める時間は，10＋８＝18(分)

(3) **【解き方】直線部分と曲線部分にわけて考える。**

直線部分の長さは，８＋８＋８＋８＝32(㎝)

曲線部分の長さは，半径が８㎝，中心角が 90°のおうぎ形の曲線部分の長さの２倍なので，

$8\times2\times3.14\times\frac{90°}{360°}\times2=8\times3.14=25.12$(㎝)　　よって，求める長さは，32＋25.12＝57.12(㎝)

3 Ｓサイズは 700ｇで 280 円なので，10ｇあたり 280×$\frac{10}{700}$＝4(円)である。

Ｍサイズは 700×2.2＝1540(ｇ)で 462 円なので，10ｇあたり 462×$\frac{10}{1540}$＝3(円)である。

Ｌサイズは 1820ｇだから，Ｓサイズの 1820÷700＝2.6(倍)の量が入っている。値段は 637 円で 10ｇあたり 637×$\frac{10}{1820}$＝3.5(円)だから，Ｍサイズが一番得である。また，一番高いサイズはＳサイズである。

ＭサイズはＳサイズより，10ｇあたり４－３＝１(円)得である。毎日 35ｇずつ使うと，１ヶ月(30 日)で 35×30＝1050(ｇ)使うから，ＭサイズはＳサイズより１×$\frac{1050}{10}$＝105(円)得である。

4 (1) 【図２】の展開図に対応する点を書き込むと，図１のようになる。

図１

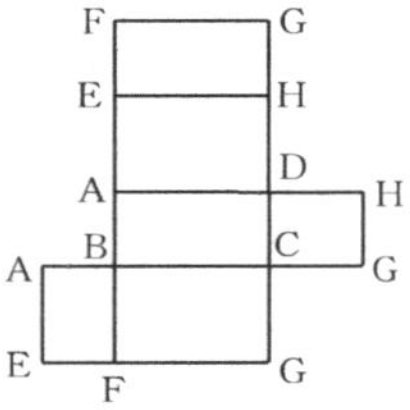

図２

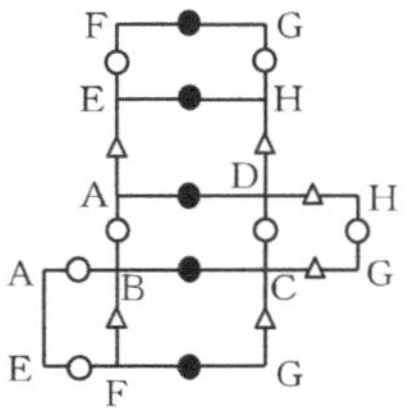

(2) **【解き方】展開図について，同じ長さの辺を同じ記号で表すと，図２のようになる。●の辺の長さを求める。**

○＋△＋○＋△＝20 ㎝だから，○＋△＝20÷２＝10(㎝)

○＋●＋△＝18 ㎝だから，●＝18－10＝８(㎝)

よって，エの長さは８㎝である。

(3) (2)をふまえる。直方体の底面を四角形ＢＦＧＣとすると，高さはＡＢ＝○となる。

四角形ＢＦＧＣの面積が 48 ㎠，●＝８㎝だから，△＝48÷８＝６(㎝)

よって，○＝18－８－６＝４(㎝)だから，求める体積は，48×４＝192(㎤)

1 (1) 与式＝918＋89＝1007

(2) 与式＝14－7.2＝6.8

(3) 与式＝$4-11\frac{2}{3}\div5=4-\frac{35}{3}\times\frac{1}{5}=\frac{12}{3}-\frac{7}{3}=\frac{5}{3}=1\frac{2}{3}$

(4) 与式＝2.7×(4.6＋3.1＋2.3)＝2.7×10＝27

2 (1) **【解き方】姉を妹の所持金の合計は 1210＋470＝1680(円)で変化しないことに注目する。**

姉が妹にいくらか渡したあとの姉の所持金は，$1680\times\frac{4}{4+3}$＝960(円)だから，渡した金額《きんがく》は，1210－960＝250(円)

(2) 12㎞＝(12×1000)ｍ＝12000ｍだから，求める時間は，12000÷48＝250(秒)，つまり，４分10秒である。

(3) **【解き方】三角形の内角の和は 180°なので，影のついた部分を合わせると，半径が３㎝の半円ができる。**

求める面積は，３×３×3.14÷２＝14.13(㎠)

3 **【解き方】図１を正面からみた図について，図ｉのように作図する(太線は仕切り板)と，図２から，図iiのようなことがわかる。**

図 i

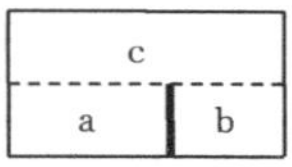

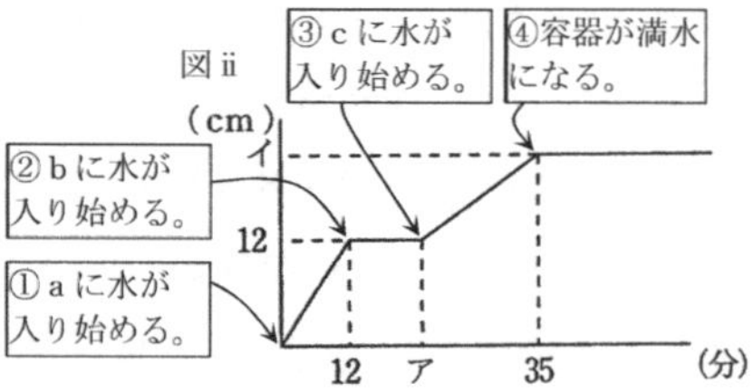

(1) ②より，仕切り板の高さは 12 ㎝だから，②までに入る水の量は，15×20×12＝3600(㎤)

よって，Ａからは毎分(3600÷12)㎤＝毎分 300 ㎤の水が入れられている。

(2) ｂの体積は 10×20×12＝2400(㎤)だから，②から③までは 2400÷300＝８(分)かかる。よって，ア＝12＋８＝20

④より，35 分で満水になるから，容器の体積は，300×35＝10500(㎤)

容器の底面積は(15＋10)×20＝500(㎠)だから，高さは 10500÷500＝21(㎝)である。よって，イ＝21

(3) **【解き方】Ｂから水をぬくと，ａの部分の水は残り，ｂとｃの部分の水がぬける。**

水が出なくなるまでに出る水の量は 10500－3600＝6900(㎤)だから，求める時間は，6900÷230＝30(分)

4 (1)① 数は１つ進むごとに 93－79＝14 大きくなるから，ア＝51－14×２＝23

② 数は３つ進むと 32－14＝18 大きくなるから，１つ進むごとに 18÷３＝６大きくなる。よって，イ＝14＋６＝20

(2)① １番目が１で，そこから１つ進むごとに３大きくなるから，30 番目の数は，１＋３×(30－１)＝88

② 250 は１より 250－１＝249 大きいから，１番目から 249÷３＝83 だけ進んだ，84 番目の数である。

■ ご使用にあたってのお願い・ご注意

（1）問題文等の非掲載

著作権上の都合により，問題文や図表などの一部を掲載できない場合があります。

誠に申し訳ございませんが，ご了承くださいますようお願いいたします。

（2）過去問における時事性

過去問題集は，学習指導要領の改訂や社会状況の変化，新たな発見などにより，現在とは異なる表記や解説になっている場合があります。過去問の特性上，出題当時のままで出版していますので，あらかじめご了承ください。

（3）配点

学校等から配点が公表されている場合は，記載しています。公表されていない場合は，記載していません。

独自の予想配点は，出題者の意図と異なる場合があり，お客様が学習するうえで誤った判断をしてしまう恐れがあるため記載していません。

（4）無断複製等の禁止

購入された個人のお客様が，ご家庭でご自身またはご家族の学習のためにコピーをすることは可能ですが，それ以外の目的でコピー，スキャン，転載（ブログ，ＳＮＳなどでの公開を含みます）などをすることは法律により禁止されています。学校や学習塾などで，児童生徒のためにコピーをして使用することも法律により禁止されています。

ご不明な点や，違法な疑いのある行為を確認された場合は，弊社までご連絡ください。

（5）けがに注意

この問題集は針を外して使用します。針を外すときは，けがをしないように注意してください。また，表紙カバーや問題用紙の端で手指を傷つけないように十分注意してください。

（6）正誤

制作には万全を期しておりますが，万が一誤りなどがございましたら，弊社までご連絡ください。

なお，誤りが判明した場合は，弊社ウェブサイトの「ご購入者様のページ」に掲載しておりますので，そちらもご確認ください。

■ お問い合わせ

解答例，解説，印刷，製本など，問題集発行におけるすべての責任は弊社にあります。

ご不明な点がございましたら，弊社ウェブサイトの「お問い合わせ」フォームよりご連絡ください。迅速に対応いたしますが，営業日の都合で回答に数日を要する場合があります。

ご入力いただいたメールアドレス宛に自動返信メールをお送りしています。自動返信メールが届かない場合は，「よくある質問」の「メールの問い合わせに対し返信がありません。」の項目をご確認ください。

また弊社営業日（平日）は，午前９時から午後５時まで，電話でのお問い合わせも受け付けています。

2025春

教英出版

株式会社教英出版

〒422-8054　静岡県静岡市駿河区南安倍３丁目12-28

TEL　054-288-2131　　FAX　054-288-2133

URL　https://kyoei-syuppan.net/

MAIL　siteform@kyoei-syuppan.net

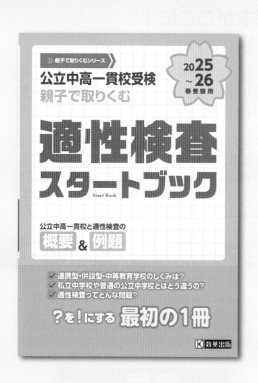

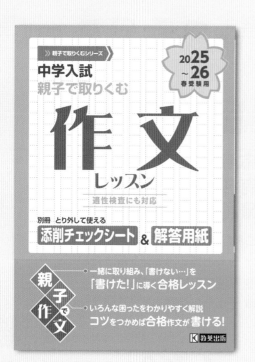

神奈川県

① [県立] 相模原中等教育学校
　　　　平塚中等教育学校
② [市立]南高等学校附属中学校
③ [市立]横浜サイエンスフロンティア高等学校附属中学校
④ [市立]川崎高等学校附属中学校
✿⑤聖光学院中学校
✿⑥浅野中学校
⑦洗足学園中学校
⑧法政大学第二中学校
⑨逗子開成中学校（1次）
⑩逗子開成中学校（2·3次）
⑪神奈川大学附属中学校（第1回）
⑫神奈川大学附属中学校（第2·3回）
⑬栄光学園中学校
⑭フェリス女学院中学校

新潟県

① [県立] 村上中等教育学校
　　　　柏崎翔洋中等教育学校
　　　　燕中等教育学校
　　　　津南中等教育学校
　　　　直江津中等教育学校
　　　　佐渡中等教育学校
② [市立]高志中等教育学校
③新潟第一中学校
④新潟明訓中学校

石川県

① [県立]金沢錦丘中学校
②星稜中学校

福井県

① [県立]高志中学校

山梨県

①山梨英和中学校
②山梨学院中学校
③駿台甲府中学校

長野県

① [県立] 屋代高等学校附属中学校
　　　　諏訪清陵高等学校附属中学校
② [市立]長野中学校

岐阜県

①岐阜東中学校
②鶯谷中学校
③岐阜聖徳学園大学附属中学校

静岡県

① [国立]静岡大学教育学部附属中学校（静岡·島田·浜松）
② [県立]清水南高等学校中等部
　[県立]浜松西高等学校中等部
　[市立]沼津高等学校中等部
③不二聖心女子学院中学校
④日本大学三島中学校
⑤加藤学園暁秀中学校
⑥星陵中学校
⑦東海大学付属静岡翔洋高等学校中等部
⑧静岡サレジオ中学校
⑨静岡英和女学院中学校
⑩静岡雙葉中学校
⑪静岡聖光学院中学校
⑫静岡学園中学校
⑬静岡大成中学校
⑭城南静岡中学校
⑮静岡北中学校
⑯常葉大学附属常葉中学校
　常葉大学附属橘中学校
　常葉大学附属菊川中学校
⑰藤枝明誠中学校
⑱浜松開誠館中学校
⑲静岡県西遠女子学園中学校
⑳浜松日体中学校
㉑浜松学芸中学校

愛知県

① [国立]愛知教育大学附属名古屋中学校
②愛知淑徳中学校
③名古屋経済大学市邨中学校
　名古屋経済大学高蔵中学校
④金城学院中学校
⑤椙山女学園中学校
⑥東海中学校
⑦南山中学校男子部
⑧南山中学校女子部
⑨聖霊中学校
⑩滝中学校
⑪名古屋中学校
⑫大成中学校
⑬愛知中学校
⑭星城中学校
⑮名古屋葵大学中学校
（名古屋女子大学中学校）
⑯愛知工業大学名電中学校
⑰海陽中等教育学校（特別給費生）
⑱海陽中等教育学校（I·II）
⑲中部大学春日丘中学校
新刊⑳名古屋国際中学校

三重県

① [国立]三重大学教育学部附属中学校
②暁中学校
③海星中学校
④四日市メリノール学院中学校
⑤高田中学校
⑥セントヨゼフ女子学園中学校
⑦三重中学校
⑧皇學館中学校
⑨鈴鹿中等教育学校
⑩津田学園中学校

滋賀県

① [国立]滋賀大学教育学部附属中学校
② [県立] 河瀬中学校
　　　　守山中学校
　　　　水口東中学校

京都府

① [国立]京都教育大学附属桃山中学校
② [府立]洛北高等学校附属中学校
③ [府立]園部高等学校附属中学校
④ [府立]福知山高等学校附属中学校
⑤ [府立]南陽高等学校附属中学校
⑥ [市立]西京高等学校附属中学校
⑦同志社中学校
⑧洛星中学校
⑨洛南高等学校附属中学校
⑩立命館中学校
⑪同志社国際中学校
⑫同志社女子中学校（前期日程）
⑬同志社女子中学校（後期日程）

大阪府

① [国立]大阪教育大学附属天王寺中学校
② [国立]大阪教育大学附属平野中学校
③ [国立]大阪教育大学附属池田中学校

④[府立]富田林中学校
⑤[府立]咲くやこの花中学校
⑥[府立]水都国際中学校
⑦清風中学校
⑧高槻中学校（A日程）
⑨高槻中学校（B日程）
⑩明星中学校
⑪大阪女学院中学校
⑫大谷中学校
⑬四天王寺中学校
⑭帝塚山学院中学校
⑮大阪国際中学校
⑯大阪桐蔭中学校
⑰開明中学校
⑱関西大学第一中学校
⑲近畿大学附属中学校
⑳金蘭千里中学校
㉑金光八尾中学校
㉒清風南海中学校
㉓帝塚山学院泉ヶ丘中学校
㉔同志社香里中学校
㉕初芝立命館中学校
㉖関西大学中等部
㉗大阪星光学院中学校

兵庫県

①[国立]神戸大学附属中等教育学校
②[県立]兵庫県立大学附属中学校
③雲雀丘学園中学校
④関西学院中学部
⑤神戸女学院中学部
⑥甲陽学院中学校
⑦甲南中学校
⑧甲南女子中学校
⑨灘中学校
⑩親和中学校
⑪神戸海星女子学院中学校
⑫滝川中学校
⑬啓明学院中学校
⑭三田学園中学校
⑮淳心学院中学校
⑯仁川学院中学校
⑰六甲学院中学校
⑱須磨学園中学校(第1回入試)
⑲須磨学園中学校(第2回入試)
⑳須磨学園中学校(第3回入試)
㉑白陵中学校
㉒夙川中学校

奈良県

①[国立]奈良女子大学附属中等教育学校
②[国立]奈良教育大学附属中学校
③[県立]
国際中学校
青翔中学校
④[市立]一条高等学校附属中学校
⑤帝塚山中学校
⑥東大寺学園中学校
⑦奈良学園中学校
⑧西大和学園中学校

和歌山県

①[県立]
古佐田丘中学校
向陽中学校
桐蔭中学校
日高高等学校附属中学校
田辺中学校
②智辯学園和歌山中学校
③近畿大学附属和歌山中学校
④開智中学校

岡山県

①[県立]岡山操山中学校
②[県立]倉敷天城中学校
③[県立]岡山大安寺中等教育学校
④[県立]津山中学校
⑤岡山中学校
⑥清心中学校
⑦岡山白陵中学校
⑧金光学園中学校
⑨就実中学校
⑩岡山理科大学附属中学校
⑪山陽学園中学校

広島県

①[国立]広島大学附属中学校
②[国立]広島大学附属福山中学校
③[県立]広島中学校
④[県立]三次中学校
⑤[県立]広島叡智学園中学校
⑥[市立]広島中等教育学校
⑦[市立]福山中学校
⑧広島学院中学校
⑨広島女学院中学校
⑩修道中学校
⑪崇徳中学校
⑫比治山女子中学校
⑬福山暁の星女子中学校
⑭安田女子中学校
⑮広島なぎさ中学校
⑯広島城北中学校
⑰近畿大学附属広島中学校福山校
⑱盈進中学校
⑲如水館中学校
⑳ノートルダム清心中学校
㉑銀河学院中学校
㉒近畿大学附属広島中学校東広島校
㉓AICJ中学校
㉔広島国際学院中学校
㉕広島修道大学ひろしま協創中学校

山口県

①[県立]
下関中等教育学校
高森みどり中学校
②野田学園中学校

徳島県

①[県立]
富岡東中学校
川島中学校
城ノ内中等教育学校
②徳島文理中学校

香川県

①大手前丸亀中学校
②香川誠陵中学校

愛媛県

①[県立]
今治東中等教育学校
松山西中等教育学校
②愛光中学校
③済美平成中等教育学校
④新田青雲中等教育学校

高知県

①[県立]
安芸中学校
高知国際中学校
中村中学校

福岡県

① [国立] 福岡教育大学附属中学校（福岡・小倉・久留米）
② [県立] 育徳館中学校 / 門司学園中学校 / 宗像中学校 / 嘉穂高等学校附属中学校 / 輝翔館中等教育学校
③西南学院中学校
④上智福岡中学校
⑤福岡女学院中学校
⑥福岡雙葉中学校
⑦照曜館中学校
⑧筑紫女学園中学校
⑨敬愛中学校
⑩久留米大学附設中学校
⑪飯塚日新館中学校
⑫明治学園中学校
⑬小倉日新館中学校
⑭久留米信愛中学校
⑮中村学園女子中学校
⑯福岡大学附属大濠中学校
⑰筑陽学園中学校
⑱九州国際大学付属中学校
⑲博多女子中学校
⑳東福岡自彊館中学校
㉑八女学院中学校

佐賀県

① [県立] 香楠中学校 / 致遠館中学校 / 唐津東中学校 / 武雄青陵中学校
②弘学館中学校
③東明館中学校
④佐賀清和中学校
⑤成穎中学校
⑥早稲田佐賀中学校

長崎県

① [県立] 長崎東中学校 / 佐世保北中学校 / 諫早高等学校附属中学校
②青雲中学校
③長崎南山中学校
④長崎日本大学中学校
⑤海星中学校

熊本県

① [県立] 玉名高等学校附属中学校 / 宇土中学校 / 八代中学校
②真和中学校
③九州学院中学校
④ルーテル学院中学校
⑤熊本信愛女学院中学校
⑥熊本マリスト学園中学校
⑦熊本学園大学付属中学校

大分県

①[県立]大分豊府中学校
②岩田中学校

宮崎県

①[県立]五ヶ瀬中等教育学校
② [県立] 宮崎西高等学校附属中学校 / 都城泉ヶ丘高等学校附属中学校
③宮崎日本大学中学校
④日向学院中学校
⑤宮崎第一中学校

鹿児島県

①[県立]楠隼中学校
②[市立]鹿児島玉龍中学校
③鹿児島修学館中学校
④ラ・サール中学校
⑤志學館中等部

沖縄県

① [県立] 与勝緑が丘中学校 / 開邦中学校 / 球陽中学校 / 名護高等学校附属桜中学校

もっと過去問シリーズ

北海道

北嶺中学校
7年分（算数・理科・社会）

静岡県

静岡大学教育学部附属中学校
（静岡・島田・浜松）
10年分（算数）

愛知県

愛知淑徳中学校
7年分（算数・理科・社会）
東海中学校
7年分（算数・理科・社会）
南山中学校男子部
7年分（算数・理科・社会）
南山中学校女子部
7年分（算数・理科・社会）
滝中学校
7年分（算数・理科・社会）
名古屋中学校
7年分（算数・理科・社会）

岡山県

岡山白陵中学校
7年分（算数・理科）

広島県

広島大学附属中学校
7年分（算数・理科・社会）
広島大学附属福山中学校
7年分（算数・理科・社会）
広島学院中学校
7年分（算数・理科・社会）
広島女学院中学校
7年分（算数・理科・社会）
修道中学校
7年分（算数・理科・社会）
ノートルダム清心中学校
7年分（算数・理科・社会）

愛媛県

愛光中学校
7年分（算数・理科・社会）

福岡県

福岡教育大学附属中学校
（福岡・小倉・久留米）
7年分（算数・理科・社会）
西南学院中学校
7年分（算数・理科・社会）
久留米大学附設中学校
7年分（算数・理科・社会）
福岡大学附属大濠中学校
7年分（算数・理科・社会）

佐賀県

早稲田佐賀中学校
7年分（算数・理科・社会）

長崎県

青雲中学校
7年分（算数・理科・社会）

鹿児島県

ラ・サール中学校
7年分（算数・理科・社会）

※もっと過去問シリーズは
国語の収録はありません。

教英出版
〒422-8054
静岡県静岡市駿河区南安倍3丁目12－28
TEL 054-288-2131
FAX 054-288-2133
詳しくは教英出版で検索
教英出版　検索
URL https://kyoei-syuppan.net/

専願入試　国　語　山梨英和中学校

（試験時間　五〇分）

2024　専願国語

注意

1. 始めの合図があるまで、問題を開いてはいけません。
2. 始めの合図があったら、すべての問題用紙に受験番号と名前を書きなさい。
3. 時間は五〇分です。
4. 解答は決められた場所に、はっきりと記入しなさい。
5. 問題の印刷が読めないときや、質問があるときは静かに手をあげなさい。
6. 終わりの合図があったら解答をやめ、係の先生の指示にしたがいなさい。

名前

受験番号		
0	0	0
1	1	1
2	2	2
3	3	3
4	4	4
5	5	5
6	6	6
7	7	7
8	8	8
9	9	9

二〇二四年度　山梨英和中学校　専願入試問題

受験番号

名前

国語1

※100点満点
（配点非公表）

一　次の文章は、実在の人物である浅川巧《あさかわたくみ》が農林学校に入学し、小学校の教師をつとめる七歳上の兄伯教《のりたか》と共同生活をはじめたころの内容である。これを読んで後の問に答えなさい。

（1）いよいよ巧が生家を離《はな》れる日、伯教と巧は伝右衛門《でんえもん》をしのんで、座敷《ざしき》の柱が見える場所に座《すわ》った。いつも柱に寄りかかって読書をする伝右衛門の姿を、ふたりは心に焼き付けた。

床《とこ》の間《ま》のあちこちに並んでいる壺《つぼ》や皿《さら》は、いわゆる骨董《こっとう》といわれる類《たぐい》の焼き物だったが、中にはいくつか伝右衛門が作った陶器《とうき》もあった。

伯教が立ち上がって、伝右衛門が作った小さな壺を持ってきた。花一輪を飾《かざ》るのにちょうどいい大きさだった。壺は、白っぽくて分厚い上につやがなく、模様も描《えが》かれていない。きれいだとは思わないけれど、見ているうちに（　Ⅰ　）心が温かくなってくるような気がした。

伯教が焼き物を両手で包んだ。

「この壺を見ると、おじいさんがすぐに浮《う》かぶんだ。村の人たちはみんなおじいさんを頼《たよ》りにしていた、怖《こわ》がる人は誰《だれ》もいなかった。この壺みたいに、おじいさんは［　①　］だったんだと思う」

巧は伯教の言葉を聞きながら、伝右衛門の生き方を思い起こしていた。常に山の樹木や川の水量など自然に気をとめていた伝右衛門は、生き物の命の繋《つな》がりについて自分なりの考えを持っていたのではないだろうか。大自然がもつ時の流れの中では、自分の命など（2）取るに足らないものだと。だから、あのように物欲《ぶつよく》がなくて、いつも自然体で、平常心でいられたのだと。

伝右衛門は伯教が言うような人だったけれど、伯教自身にも同じことが言えると巧は思っている。少なくとも、②巧にとって、伝右衛門と伯教には重なる部分が多かった。ふたりとも、自分の利益を優先させずに、常に周囲を配慮《はいりょ》する。

「これは近くの土手からとった土で焼いたらしい」

（そうか、焼き物は土でできていたんだ）

当たり前のことに気づいたとき、焼き物がとても身近なものに感じられた。土には生き物たちの亡骸《なきがら》も積み重なっている。おじいさんも自分も、いつかは土になると思っただけで、焼き物がいっそう（3）いとおしくなった。

巧と伯教の共同生活がはじまった。

伯教の給料で巧の授業料も払《はら》わなければならない生活は、かなり貧しかったが、伝右衛門の生き方に感化されて育ったふたりには、貧しい暮らしを恥《は》じるという感覚はなかった。

日曜日の夕方だった。

「［　A　］」

伯教が巧を誘《さそ》う。

ふたりはこれから、小宮山清三《こみやませいぞう》の家を訪ねることになっていた。伯教と清三は巧が農林学校に入る前からの友人らしく、伯教は四歳年上の清三から多くを学んでいるようだった。特に、清三からキリスト教を知って、＊甲府のメソジスト教会に通うようになったのも、クリスチャンの清三からの影響《えいきょう》が大きかった。

甲府メソジスト教会は、日曜日の午前の礼拝に二百数十人が出席する大きな教会で、カナダ人の宣教師《せんきょうし》は、教会の中で英語を教えたりもしていた。

数歩前を行く伯教が振り返って巧を見た。

「［　B　］」

「はい。わからないところを書き出してきました」

清三の家で行われる青年部の「聖書研究会」には、二十人以上の若者が集まって聖書について学び合う。教会の牧師が参加して、それぞれの質問に応《こた》えてくれることもあった。この集会に、伯教と巧もほとんど休むことなく出席していた。

キリスト教は西洋の宗教だと思いこんでいた巧にとって、「聖書研究会」や教会の礼拝に出席するのは伯教につきあうだけで、一時的で特殊《とくしゅ》な出来事にすぎないはずだった。ところが、数回の経験で、巧にとって、キリスト教は、ずっと以前から親しんできた思想のように、ごく自然に教えのひとつひとつが（　Ⅱ　）心の中に染《し》みわたっていった。

聖書に『自分を愛するようにあなたの隣人《りんじん》を愛しなさい』と書いてあるのを見ると、そうだとうなずきながら③そういう人になりたいと切望してしまう。『心の貧しい人は幸いである。天国は彼らのものである』という箇所《かしょ》を読むと、物も心も隣人に用いて、常に謙虚《けんきょ》だった伝右衛門を思った。

伯教は三年前に甲府のメソジスト教会で＊洗礼を受けていたが、④巧に違和感《いわかん》はなかった。

そうして、農林学校に入学した年の一九〇七年（明治四十年）六月、巧も伯教と同じ教会で洗礼を受けた。

その二か月後の八月、⑤山梨県全土はまたしても台風に襲《おそ》われて、大水害に見舞《みま》われた。死者は二百三十三人に及び、山梨一円は泥水《どろみず》におおわれたようだった。

このときも、山林の＊乱伐《らんばつ》や盗伐《とうばつ》で荒れた山が土砂崩《どしゃくず》れを起こして、被害を大きくしていた。

嵐《あらし》の収まった翌日の夕暮れ、巧は伯教と並んで荒川の堤《つつみ》に立って、異常に増水して濁《にご》った水が流れていくのを見つめていた。

「兄さん、学校の友だちには、家を流された人や家族が亡《な》くなった人がいるんだ。神様はいったいなにを思っているんだろう。神様は人間を愛しているんだよね？」

「［　C　］」

言いながら、伯教は巧の肩《かた》に手を置いた。

「神様がなさることは、すべて我々への愛からなのだよ。今は理解できなくても、神様のなさることを疑ってはだめだ」

きっぱりと言い切る伯教に、巧はわずかにうなずいて見せた。たえず神への信頼《しんらい》を示してくれる伯教の存在がありがたかった。

ふたりの前に横たわる荒川は、ただ茶色く濁っているだけでなくて、倒木《とうぼく》や家屋の残骸《ざんがい》などをもまだ下流に流しつづけている。

伯教がつぶやいた。

「山に樹木がたくさん育っていたら、被害はもっと少なかっただろうか」

「［　D　］」

幼いときから樹木に関心があり農林学校に進んだ巧は、⑥自分の将来を想像してみた。今はなにも具体的なことは思いつかないけれど、いつか世の中の役に立てるようになりたいと思う。

ふたりの遥《はる》か上方、西の空に星が瞬《またた》いていた。

（『かけはし　慈しみの人・浅川巧』中川なをみ）

＊甲府のメソジスト教会…現在の日本キリスト教団甲府教会
＊洗礼…キリスト教信者（クリスチャン）になる儀式《ぎしき》
＊乱伐・盗伐…山の木をむやみに切ったりぬすんだりすること

二〇二四年度　山梨英和中学校　専願入試問題

国語2

受験番号

名前

問一　――線部（1）「しのんで」（2）「取るに足らない」（3）「いとおしく」の言葉の意味として最もふさわしいものを選び、記号で答えなさい。

（1）「しのんで」
ア　まねして　イ　思い出して　ウ　うやまって　エ　忘れて

（2）「取るに足らない」
ア　理由のない　イ　価値が少ない　ウ　むだが少ない　エ　完全でない

（3）「いとおしく」
ア　悲しく　イ　気味が悪く　ウ　親しみ深く　エ　みっともなく

（1）　（2）　（3）

問二　[①]に入る言葉として最もふさわしいものを選び、記号で答えなさい。
ア　強くて、きびしい人　イ　小さくて、頼《たよ》りない人
ウ　温かくて、親しみやすい人　エ　優しくて、あつかいやすい人

問三　（ Ⅰ ）・（ Ⅱ ）に入る言葉として最もふさわしいものを選び、記号で答えなさい。
ア　すっと　イ　かちっと　ウ　ほわーっと　エ　めらめらっと

（Ⅰ）　（Ⅱ）

問四　――線部②「重なる部分」とはどのような点ですか。最もふさわしいものを選び、記号で答えなさい。
ア　自分のことよりも、常に他人のことを先に考える点
イ　貧しさをきらい、ぜいたくな暮らしを求めている点
ウ　好きな農業を職業にして、樹木や川に関心がある点
エ　キリスト教に興味を持ち、クリスチャンになった点

問五　[A]～[D]に入る文として最もふさわしいものを選び、記号で答えなさい。
ア　そうだと思う。いや、絶対にそうだよ
イ　もちろんだよ
ウ　ぼつぼつ行こうか
エ　聖書は読んできたか？

A　B　C　D

問六　――線部③「そういう人になりたい」という思いは、巧のどのような将来の希望と重なるか、「～という思い」につづく形で本文中から十六字でぬき出しなさい。

という思い

問七　――線部④「巧に違和感《いわかん》はなかった」理由として、最もふさわしいものを選び、記号で答えなさい。
ア　伯教の英語好きは有名で、教会でも宣教師《せんきょうし》に英語を教わっていたから
イ　伯教が清三から洗礼を強くすすめられたことを巧は知っていたから
ウ　伯教が以前から西洋の文化と西洋の宗教を学びたいと言っていたから
エ　伯教の考えや生き方が聖書の言葉や教えと通じていると思えたから

問八　――線部⑤「大水害に見舞《みま》われた」理由をわかりやすく自分の言葉で答えなさい。

問九　――線部⑥「自分の将来を想像してみた」という言葉について話し合いました。先生の言葉に対して、正しい発言をしている人はだれか、最もふさわしいものをA～Dから選び、記号で答えなさい。

先生　「実在の浅川巧さんは、後に朝鮮半島《ちょうせんはんとう》で植林の仕事について人々からとても尊敬されました」

Aさん「巧さんは、農林学校で学んだ樹木の知識を生かせたのですね、すばらしいです」
Bさん「隣人と隣国をかんちがいしているのかな、でも尊敬されたのならよかったね」
Cさん「焼き物を焼くためには木材が必要なので、樹木を植える仕事についたのですね」
Dさん「温暖化を防ぐには山に樹木が必要なことを、巧さんはすでに理解していたのですね」

さん

2024(R6) 山梨英和中　専願
K 教英出版

受験番号	名前

二　次の文章を読んで後の問に答えなさい。字数制限のあるものは、句読点（「。」「、」）や記号も字数に含《ふく》みます。

ある人が村のはずれの川ぞいの道を歩いていたら、堤防《ていぼう》に小さな穴があいていて、そこからちょろちょろと水がもれているのを見つけました。

［1］、小石をひろって、その穴におしこんで、水を止めました。

そのおかげで、しばらくして大雨がふったときに、その堤防はくずれず、村は水没《すいぼつ》をまぬかれました。でも、その人は自分がおしこんだ石が堤防の決壊《けっかい》をふせいだことを知りませんし、村人たちもその人が村を救ったことを知りません。

こういう人のことをさす英語があります。「①アンサング・ヒーロー」というのです。「その功績《こうせき》が歌にうたわれて、たたえられることのない英雄《えいゆう》」という意味です。たいへんな功績をあげたのだけれど、人びとはそのことを知らない（場合によっては、その人自身も自分がたいへんな功績をあげたことを知らない）。

②実際に、歴史上そういう人はたくさんいました。その人たちの目に見えない気づかいのおかげで、多くの人が、多くの街が、多くの文明が救われた。［2］、その人を「英雄」としてたたえる歌はだれもうたわない。知らないから。

でも、これは僕《ぼく》の個人的な意見ですけれど、③みんながその功績を知っていて、みんなに「たたえられる英雄」よりも、「だれも（本人さえ）その功績を知らない英雄」のほうが、ほんとうの英雄ではないかと思います。

というのは「アンサング・ヒーロー」たちは、たぶん自分たちの英雄的行為を、なにげなく、とくに「こういうことをすれば、これこれの結果が導かれるかもしれない」というような予測もせずに、ごく日常的なふるまいとしておこなったはずだからです。

［3］、雪のふった日に、朝早起きして雪かきをした人がいたとします。その人はひととおり雪かきを終えると、家に入ってしまいました。あとから起き出して通勤通学する人たちは、なぜか自分の歩いている道だけは雪がこおっていないことにも気づかずに、すたすた歩いてゆきました。

［4］、この人が早起きして、雪かきしてくれなかったら、そのなかのだれかがすべって、転んで、骨折したりしたかもしれません。さいわいそういうことは「起こらなかった」。起こらなかったことについては、だれもそれについて感謝したり、それをたたえたりはしません。でも、たしかに雪かきした人はこの世の中から、起こったかもしれない事故の*リスクをすこしだけへらしたのです。この人もまた「アンサング・ヒーロー」です。

「アンサング・ヒーロー」とはどういう人か、これですこしわかったと思います。

それは、だれかがしなければいけないことがあったら、それは自分の仕事だというふうに考える人のことです。

だれかがよけいな仕事を引き受けたり、よけいな仕事をかたづけたりしないといけないなら、自分がやる。そういうふうにふだんから考えている人。そういう人は高い確率で「その功績をうたわれることのない英雄」になります。

道徳的であるというのは、ひとことで言ってしまうと、「だれかが引き受けなければならない仕事があるとしたら、それは私の仕事だ」という考え方をすることです、というのが僕の意見です。それは別に*合理的ではないし、*フェアでもありません。でも、そういうふうに考える人が集団のなかに何人かふくまれていないと、人間は共同的に生きてゆくことはできません。これは断言します。でも、全員がそうである必要はない。何人かでいいんです。ほとんどの人は「だれかが引き受けなければならない仕事があるとして、それをだれがやるかは、みんなで相談して決めればいいんじゃないの」というふうに考えます。それでぜんぜんかまわないのです。でも、④そういうやりかたは、場合によっては、それほど合理的ではない。だって、ものすごくかんたんなこと、たとえば、床に落ちているゴミをひろうとかいうことについて、それをだれがやるかについて、「みんな」で集まってもらって、「このゴミはだれがひろうべきか」について相談するなんて非効率すぎるでしょう。みんなに声をかけて、時間を調整して、会議室をおさえて、「だれがゴミをひろうべきか」会議を開くくらいなら、そのひまに見つけた「私」がスイとひろって、ゴミ箱にポイと放りこめばいい。

あるいはものすごくむずかしいこと、さきほどの「タイタニック号の救命ボートの最後の一席」をだれがゆずるかのような問題って、「みんなで相談」なんかしているひまがあるわけはない。即決しないといけない。そういうときは、いつもの調子で、エレベーターの入り口で先をゆずるような口調で、「お先にどうぞ」とスパッと言う人がいてくれないとどうにもならない。助かる命も助からない。そういうことです。

最後にひとつだけ。それは⑤どうしたらスパッと「お先にどうぞ」って言えるようになるのかということです。どうしたら、そういう習慣が身につくようになるのか。

それは別にむずかしいことではありません。ハッピーな人生を送っていればいいんです。

これまでの人生、とっても楽しかったなあ。いいことといっぱいあったなあ。ほかの人よりもずいぶんめぐまれた人生を送ってきたんじゃないかな。そういうふうに思えたら、どんなときも、自然に「あ、どうぞお先に」って言えると思うんです。自分はもう十分に幸福だったから、これ以上幸福であろうと願うのは、ちょっと欲張りすぎかな……というふうに思えたら、人間は「お先にどうぞ」という言葉を自然と口にすることができる。僕はそんなふうに思います。

（『道徳ってなに？』内田樹）

*リスク……危険　*合理的……道理にかなっている　*フェア……公正であること

*「タイタニック号の救命ボートの最後の一席」をだれがゆずるかのような問題……タイタニック号は一九一二年に大西洋で氷河にぶつかって沈没した客船。これよりも前の部分に、船が沈む間際に救命ボートの席を譲《ゆず》った人たちがいたことが書かれている。

問一　［1］～［4］に入る言葉として、もっともふさわしいものを次から選び記号で答えなさい。
（記号は一度しか使ってはいけません）

ア　でも　イ　もし　ウ　そこで　エ　たとえば

1	
2	
3	
4	

受験番号

名前

問二　―――線部①「アンサング・ヒーロー」とは、どういう人のことか、本文中から四十字（句読点含《ふく》む）でぬき出して答えなさい。

問三　―――線部②「目に見えない気づかい」として、本文中にはどのような例が挙げられているか、二つ挙げなさい。

問四　―――線部③について、なぜそう言えるのか、本文中の語句を用いて説明しなさい。

問五　―――線部④について。

1　「そういうやり方」とはどういうやり方か、本文中の語句を用いて説明しなさい。

2　なぜ「合理的ではない」（道理にかなっていない）のか、本文中の語句を用いて説明しなさい。

問六　―――線部⑤について、どうすれば「お先にどうぞ」と言えるようになるのか、その答えを十五字以内（句読点含《ふく》む）で書きなさい。

三　次の各文の═══がかかっていくところを、記号で答えなさい。

①　ア毎日　雨が　イ続いているが、　ウ庭の　エ植物は　オ嬉《うれ》しそうだ。

②　ア母から　教わった　イグラタンの　ウレシピは　エずっと　オ忘れられない。

③　ア朝　イ起きると　ウ窓《まど》の外は　すっかり　エ雪景色だった。

①	②	③

受験番号		名前	

四　**次の各文の□に入る敬語として、もっともよいものを記号で答えなさい。**

① 先生の代表作となった著作本を□。
　ア　見ていただく　　イ　拝見する　　ウ　ご覧になる

② あいにくですが、父は今朝から□。
　ア　外出しております　　イ　でかけてくださいました　　ウ　おでかけなさっています

①	②

五　**次の各文の――線部について、ひらがなは正しく漢字で書き、漢字はひらがなで読みを書きなさい。送りがなが必要なものは送りがなも書きなさい。**

① 水分がじょうはつする。
② 仕事にせんねんする。
③ 天地をそうぞうされた神。
④ 食糧《しょくりょう》をキョウキュウする。
⑤ げんろんの自由を守る。
⑥ 自分の畑をたがやす。
⑦ 国家をおさめる。
⑧ 法廷でさばかれる。
⑨ 弟と口論した。
⑩ とても重宝な道具。

①	②	③	④	⑤

⑥	⑦	⑧	⑨	⑩

2024	専 願	
	算 数	

専願入試　算　数　山梨英和中学校

（試験時間　５０分）

注意
１．始めの合図があるまで、問題を開いてはいけません。
２．始めの合図があったら、解答用紙に受験番号と名前を書きなさい。
３．時間は５０分です。
４．解答は解答用紙に、はっきりと記入しなさい。また考え方も答える問題については途中の計算もきちんと書きなさい。
５．問題用紙は、ばらさずに解きなさい。表紙の裏から問題があります。
６．問題の印刷が読めないときや、質問があるときは静かに手をあげなさい。
７．終了の合図があったら解答をやめ、係の先生の指示にしたがいなさい。

受験番号				名前	
	0	0	0		
	1	1	1		
	2	2	2		
	3	3	3		
	4	4	4		
	5	5	5		
	6	6	6		
	7	7	7		
	8	8	8		
	9	9	9		

1 次の計算をしなさい。

(1) $40-24\div8$

(2) $180\div(17+28)\times2$

(3) $14.3-5.71$

(4) 4.8×2.6

(5) $17.9\div3.6$ （小数第一位まで求め、余りも求めなさい）

(6) $\frac{5}{6}-\frac{3}{8}+\frac{1}{4}$

5 ある数をいれると、図のようになって出てくる装置Aと装置Bがある。次の問いに答えなさい。

【図1】

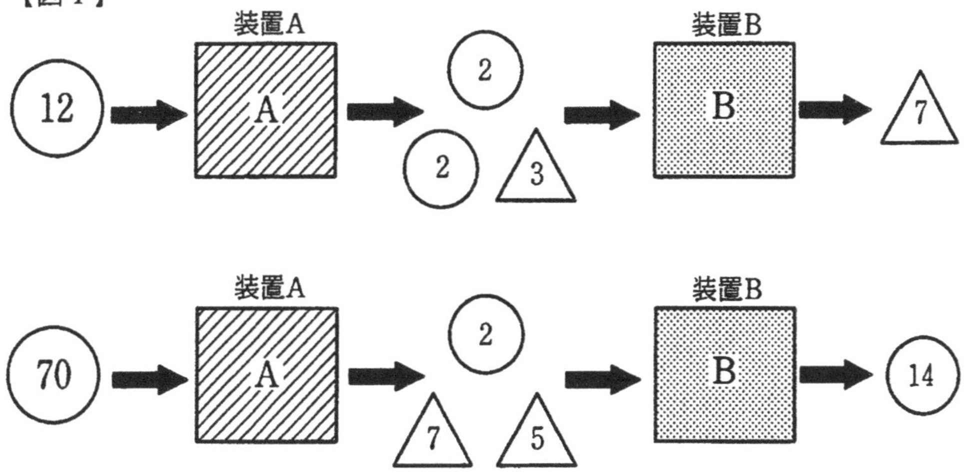

【図2】

(1) 30を同じように装置Aと装置Bに入れたとき、どのような数が出てくるか○や△を用いて解答用紙にかきなさい。

(2) 図2のように、入れた数と出てくる数が変わらない数を1つあげなさい。

(3) ある数を入れたら、次のようになって出てきた。ある数を求めなさい。

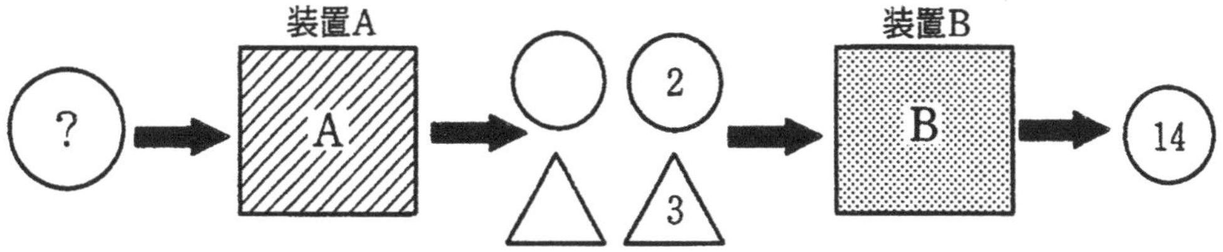

(7) $1\frac{5}{9}\div 2\frac{1}{3}$

(8) $\frac{3}{5}\div\left(\frac{2}{3}-\frac{2}{5}\right)\times\frac{2}{9}$

(9) $1\frac{1}{5}\times\frac{1}{2}-\frac{1}{3}\div 0.8$

(10) $3.75\times 6.4-2.75\times 6.4$

(11) $214-\{91-(126-78)\div 16\}$

(12) $27-(\square+8)\div 2=15$　　□にあてはまる数を答えなさい。

2 次の問いに答えなさい。

(1) A, B, C, D, E 5人の小テストの平均点は17.4点であった。また、A, B 2人の平均点を調べると15.9点であった。このとき、C, D, E 3人の平均点を求めなさい。

(2) 英子さんは2100円、和子さんは1650円持っている。和子さんが英子さんにいくら渡すと、英子さんの所持金が和子さんの2倍になるか。

(3) 直径6 cmの円の中に正方形がぴったり入っている。色のついた部分の面積を求めなさい。ただし、円周率は3.14とする。

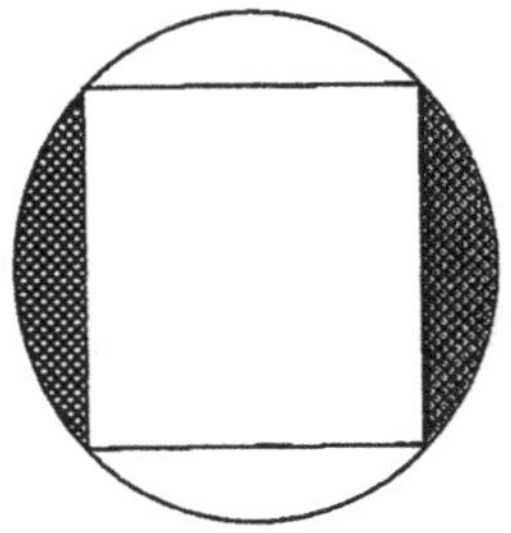

4 あるお店で１個あたりの原価が150円のお菓子を毎日300個製造し、３日間販売することにした。このとき、次の問いに答えなさい。

(1)　１個あたり40％の利益が出るように定価をつけると、お菓子１個の定価はいくらになるか。

(2)　１日目は(1)の定価ですべてのお菓子が売れた。この日の利益はいくらになるか。

(3)　２日目は(1)の定価で売り始めたが、売れ行きが悪かったため180個を販売したところで、定価の20％引きにし、すべて売り切ることができた。すべてを定価で販売したときより、利益はどれだけ減るか。

(4)　３日目は(1)の定価より20円安く定価をつけて販売することにした。１日目より多くの利益を出すためには、お菓子を何個以上製造・販売する必要があるか。

3 英子さんは午前9時に家を出て図書館に向かった。15分間歩いたところで和子さんに出会い、相談したところ一緒に図書館に行くことになった。英子さんは分速90 mで歩き、和子さんと出会ってからは分速75 mで歩いた。下のグラフは英子さんが家を出てから図書館に到着するまでの時間と、英子さんが歩いた道のりの関係を表したものである。次の問いに答えなさい。

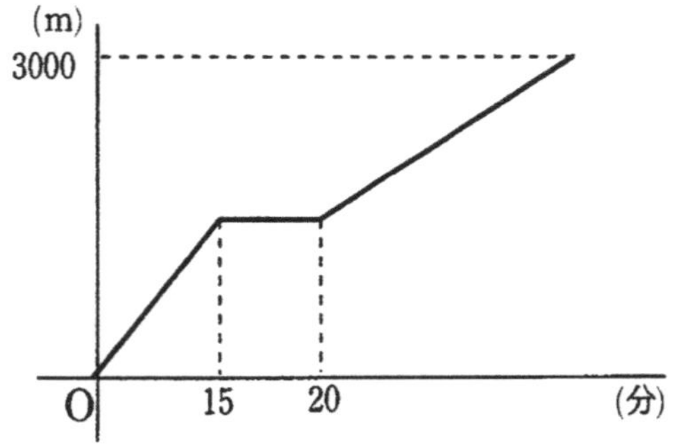

(1) 英子さんは和子さんに出会うまで何m歩いたか。

(2) 2人が図書館に到着したのは何時何分か。

(3) 英子さんの忘れ物に気づいたお姉さんは、英子さんの家を自転車で出発し、毎分300 mで英子さんを追いかけたところ、午前9時34分に2人に追いついた。お姉さんが家を出発した時間は何時何分か。

専願入試　英　語　山梨英和中学校

（試験時間　２５分）

注意
1．始めの合図があるまで、問題を開いてはいけません。
2．始めの合図があったら、すべての問題用紙に受験番号と名前を書きなさい。
3．開始後すぐに、Watch and Listen が始まりますので、問題用紙を準備しなさい。
4．時間は Watch and Listen を含めて２５分です。
5．解答は決められた場所に、はっきりと記入しなさい。
6．問題の印刷が読めないときや、質問があるときは静かに手をあげなさい。
7．終了の合図があったら解答をやめ、係の先生の指示にしたがいなさい。

受験番号				名前	
	0	0	0		
	1	1	1		
	2	2	2		
	3	3	3		
	4	4	4		
	5	5	5		
	6	6	6		
	7	7	7		
	8	8	8		
	9	9	9		

2024年度　山梨英和中学校　専願入試問題　英語１

受験番号		名前	

※50点満点
（配点非公表）

Ⅰ Watch and Listen

※映像は収録しておりません

Part 1　映像をよく見て英語を聞いてください。質問の答えとして最も合うものを１つ選び、記号で答えなさい。問題は２回ずつ読まれます。

(1)
(A)
(B)
(C)

(2)
(A)
(B)
(C)

(3)
(A)
(B)
(C)

(4)
(A)
(B)
(C)

Part 2　映像をよく見て２人のやり取りを聞いてください。それについての質問を聞き、その答えとして最も合うものを１つ選び、記号で答えなさい。問題は２回ずつ読まれます。

(1)
(A) A glove.
(B) A bat.
(C) A pair of shoes.

(2)
(A) By bike.
(B) By bus.
(C) On foot.

(3)
(A) Eight fifteen.
(B) Eight fifty-five.
(C) Nine.

(4)
(A) The small black bag.
(B) The small brown bag.
(C) The large brown bag.

2024年度　山梨英和中学校　専願入試問題　英語２

受験番号		名前	

Ⅱ 筆記問題

Part 1　次の各文の（　　）に入れるのに最も合うものを４つの中から１つ選び、番号で答えなさい。

(1) I can't find my pen.　Can I use (　　)?
1. you　　2. your　　3. our　　4. yours

(2) Susan (　　) in London.
1. wants　　2. goes　　3. lives　　4. buys

(3) I play the piano (　　) the morning every Sunday.
1. in　　2. on　　3. at　　4. for

(4) This jacket is too (　　) for me.
1. high　　2. young　　3. large　　4. tall

(5) A : I want this eraser.　How (　　) is it?
B : It's 150 yen.
1. long　　2. much　　3. old　　4. many

(6) A : What (　　) do you like?
B : I like winter.　We can enjoy skiing.
1. season　　2. color　　3. music　　4. sport

Part 2　次の会話について、（　　）に入れるのに最も適切なものを４つの中から１つ選び、番号で答えなさい。

(1) Girl: This is my new skirt.
Boy: (　　)
1. For my birthday.　　2. At the party.
3. Yes, you can.　　4. It's beautiful.

(2) Girl: Do you know those ladies over there?
Mother : Yes.　(　　)
1. I can't see them.　　2. They're my friends.
3. She knows us.　　4. We're going home now.

(3) Girl: I can't go to the concert with you tonight.
Boy: (　　)
1. That's all right.　　2. Let's go.
3. I'm sorry.　　4. It's January 15th.

2024 年度　山梨英和中学校　専願入試問題　英語 3

受験番号		名前	

Part 3 次の絵の内容を最もよく表しているものを４つの中から１つ選び、番号で答えなさい。

(1)

1. They are in the museum.
2. They are at the beach.
3. They are in the restaurant.
4. They are at the concert.

(2)

1. He is reading a book.
2. He is playing chess.
3. He is laughing.
4. He is running.

(3)

1. He is tall.
2. She is tall.
3. He is short.
4. She is big.

Part 4 次のポスターについての質問を読み、その答えとして最も合うものを１つ選び、番号で答えなさい。

Every Saturday from
6AM to 12PM
(Gates open at 5:30AM)

FARMERS MARKET

Let's support our farmers!

Fun for the **whole** family

Entrance Fee: €15 for adults
€5 for children
Free Parking!

You can buy:

- Fresh fruit and vegetables
- Cheese
- Fresh milk
- Fresh meat
- Yoghurt

※NO DOGS ALLOWED

(1) When does the farmers market end?

1. At six.　　2. At sunrise.
3. At noon.　　4. At sunset.

(2) How much do you have to pay to park your car?

1. Fifteen euros.　　2. Nothing.
3. Fifty euros.　　4. Five euros.

(3) What can you buy at the farmers market?

1. Fruit and vegetables.　　2. Some shops.
3. A table.　　4. Dogs.

(4) Who can't go to the farmers market?

1. Adults.　　2. Pets.
3. Children.　　4. Family.

2024年度 山梨英和中学校 専願入試 算数 解答用紙

※100点満点
（配点非公表）

受験番号	名前

1

(1)		(2)		(3)		(4)	
(5)	商		余り	(6)		(7)	
(8)		(9)		(10)		(11)	
(12)							

2

(1) [式]　　点

(2) [式]　　円

(3) [式]　　cm^2

3

(1)　　m

(2) [式]　　時　　分

(3) [式]　　時　　分

4

(1) [式]　　円

(2) [式]　　円

(3) [式]　　円

(4) [式]　　個

5

(1)

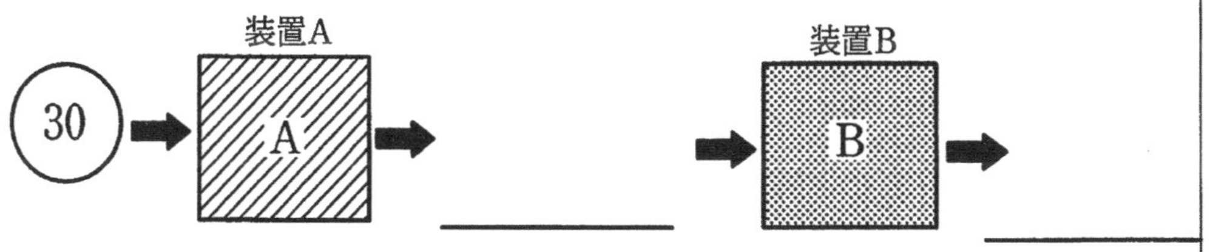

(2)

(3)

2024自己推薦
作　文

自己推薦入試　作　文　山梨英和中学校

（試験時間　三〇分）

注意
1. 始めの合図があるまで、問題を開いてはいけません。
2. 始めの合図があったら、問題用紙と作文用紙に受験番号と名前を書きなさい。
3. 時間は三〇分です。
4. 作文の決まりを守って、はっきりと記入しなさい。
5. 問題の印刷が読めないときや、質問があるときは静かに手をあげなさい。
6. 終わりの合図があったら解答をやめ、係の先生の指示にしたがいなさい。

名前				受験番号
	0	0	0	
	1	1	1	
	2	2	2	
	3	3	3	
	4	4	4	
	5	5	5	
	6	6	6	
	7	7	7	
	8	8	8	
	9	9	9	

作文　二〇二四年度　山梨英和中学校　自己推薦入試　問題用紙

受験番号	
名前	

次の文章は、「子どもはなぜ勉強しなくちゃいけないの？」という子どもの質問に、大学教授《きょうじゅ》の養老孟司《ようろうたけし》さんが、答えている文章です。読んで、問いに答えなさい。

学校の勉強だけしていると、どんな問題にも「答え」があるはずって考えてしまうよね。でもそれはかんちがい。本当は、世の中いつも「答え」があるとは限《かぎ》らない。簡単に出てくる「答え」ほど、あやしいと思わなきゃいけない。今はインターネットに質問を書きこむとすぐにだれかが答えてくれる。でもそれが「答え」かどうかは十分疑《うたが》ってほしい。

（略）

昔《むかし》の世の中は不思議だらけだった。子どもにとってはこの世の中がそのまま「不思議の国」だった。だからいろいろなことに興味《きょうみ》を示して、自分の頭で考えることができた。でも今はすぐに「答え」があたえられてしまい、わかった気になってしまうから考えるひまがない。それじゃきっと、自分で山を登っているという感覚はないでしょう。だからいつまでたっても勉強が面白《おもしろ》いと思えない。

つまり、「答え」を知ることよりも考えることが大切ということです。「なぜ勉強しなくちゃいけないの？」とか「なぜ自分は生きているの？」とかいう疑問《ぎもん》ははっきり言って「答え」のない疑問でしょ。

（略）

でも「答え」がないからといって考えるのをあきらめてしまっていいわけでもない。「答え」のない疑問こそ、いつまでも自分で持っていなきゃいけない疑問なんだ。

（『子どもはなぜ勉強しなくちゃいけないの？』養老孟司・おおたとしまさ　著）

【問い】「子どもはなぜ勉強しなくちゃいけないの？」という質問に答えている養老孟司さんの文章を読んで、あなたならこの質問にどのように答えますか。四〇〇字以上五〇〇字以内で書きなさい。

作文

二〇二四年度　山梨英和中学校自己推薦入学試験　解答用紙

受験番号

名前

500字

400字

（評価基準非公表）

2023一般
国語

一般入試 国語 山梨英和中学校

（試験時間 五〇分）

注意

1．始めの合図があるまで、問題を開いてはいけません。
2．始めの合図があったら、すべての問題用紙に受験番号と名前を書きなさい。
3．時間は五〇分です。
4．解答は決められた場所に、はっきりと記入しなさい。
5．問題の印刷が読めないときや、質問があるときは静かに手をあげなさい。
6．終わりの合図があったら解答をやめ、係の先生の指示にしたがいなさい。

名前				受験番号
	0	0	0	
	1	1	1	
	2	2	2	
	3	3	3	
	4	4	4	
	5	5	5	
	6	6	6	
	7	7	7	
	8	8	8	
	9	9	9	

二〇二三年度　山梨英和中学校　一般入試問題

国語1

※100点満点
（配点非公表）

受験番号		名前	

一　次の文章を読んで後の問に答えなさい。字数制限のあるものは、句読点（「。」「、」）や記号も字数に含《ふく》みます。

わたし（曽良秋《そらあき》）はモッチ（持沢香《もちざわかおり》）と仲良くしていたが、父からもらったレコードをモッチの家で聞いているときにモッチの弟がプレーヤーにぶつかってレコードに傷をつけてしまう。この出来事をきっかけに二人の仲は気まずくなり、さらに、私が好意を寄せている佐伯《さえき》くんをモッチも気にかけていることを知り、私はモッチに「佐伯くんはモッチのことなんてなんとも思ってない」と嘘をついてしまう。

急に「わあっ」と、また平岡《ひらおか》さんの席のまわりで笑い声が起きた。「しっぽって、やっぱりへんだよ」ときこえた。笑われているのはモッチみたいだった。

モッチは困《こま》ったような顔で首をかしげている。いままでなら、そんなふうにモッチのことを笑いものにするなんて、と腹がたっていた。なのにいまは、モッチっていわれっぱなしなんだから、とあきれてしまう。

大沢《おおさわ》さんや平岡さんや木村《きむら》さんたちはモッチを「しっぽ」と呼んでいた。そう呼ばれても、モッチはにこにこしていた。どうしてにこにこしているんだろうと、①わたしはふしぎだった。モッチはぜんぜんしっぽみたいな人じゃないとわたしには思えたから。

なのに、いまのわたしは、なぜだか困った顔のモッチを見ていると大沢さんたちといっしょにモッチを笑いたい気もちになっている。モッチって、いつもああやって笑って気もちをごまかしてるんだから、と思う。みんなの子分みたいにされていてもいい返せないなんて、②それがモッチのだめなところなんじゃないかな、と思う。

ああいうのをがまんしていると、それがあたりまえになっちゃうのに、モッチは「いやだ」といえないのだ。それはモッチが弱いからだと思う。

モッチから目を離《はな》そうとしたとき、佐伯くんが教室の前のほうに行くのに気がついた。たしか昼休みには教室にいなかったはずの佐伯くんは、いつのまにかもどってきていた。

佐伯くんは大沢さんたちに近づいていくと、[1]といった。

[2]と平岡さんがいった。

[3]と佐伯くんはいった。

[4]大沢さんがひときわ大きい声でいった。

大沢さんたちから離れて自分の席にもどっていく佐伯くんにきこえるように、「佐伯くんたら、もしかしたら」と大沢さんがいって、それから急に小さい声になってそばにいる子たちに、③なにかいった。

ほかの子は「きゃあ」というような声をあげて、それからげらげら笑った。

モッチは笑っていなかった。④じっと下をむいていた。

五時間目がはじまってからも、わたしはどうしてだか、何度も窓際《まどぎわ》の席にすわっているモッチをちらちらと見てしまっていた。前から二番目の席にすわっているモッチは、わたしからは頭しか見えなかったから、モッチがどんな顔をしているのかはわからない。

昼休みに佐伯くんが大沢さんにいったこと。あれは、もしかしたらわたしがいわなきゃいけないことだったんじゃないか、という気がしはじめていた。

佐伯くんは、人からどう思われるか、なんてことを先に考えずに、思ったことをはっきりいったのだ。ああいうふうにわたしもできるだろうか。

あのとき、大沢さんたちといっしょになって、わたしも心の中でモッチを笑った気がする。それはとてもはずかしいことだ。だけど、と思う。悪いのはわたし？　わたしは自分がモッチに浴びせたいじわるな言葉を思いだしそうになると、そのたびにレコードの傷のことに頭をめぐらせて、あれはとにかくモッチが悪いんだからと自分にいいきかせていた。そして、モッチにはこれ以上あやまってほしくないとも思っていた。何度もあやまられると、まるでわたしがあやまらせているみたいな気もちになって、わたしが悪い人みたいになっちゃいそうだから。⑤悪いのはわたしじゃない、と思う。

モッチがふりむいた。

わたしはあわてて目をそらした。もうモッチのほうには目をむけないようにしよう。

わたしは黒板に小数の掛《か》け算の式を書いている先生の背中を見た。

「じゃあ、だれにでてやってもらいましょうかね」

⑥ふりむいて先生はいった。黒板には三つの式が書かれていた。

わたしはあわてて先生から目をそらし、下をむいた。

「村田《むらた》くん。それから、その後ろの曽良さん、原口《はらぐち》くん」

あーあ、と思った。

「えーっ」と小さい声でいいながら村田くんは席を立った。先生はいつもひとりの人をあてると、その後ろの席にすわっている人をつづけてあてる。

「はい」

わたしは立ちあがった。後ろの席で音がして、原口くんが「はい」と返事した。

まちがえたくないと思った。わたしは黒板の「0・25×7」の式の前に立って、チョークを取りあげた。

縦《たて》の計算式に書き直して、慎重《しんちょう》に計算して「1・75」と答えを書いた。村田くんよりも、原口くんよりも早くできた。

いそいで席にもどると、隣《となり》の玉田《たまだ》くんが「あってる」といってくれた。

胸がどきどきしていた。よかった、と思って、ついモッチのほうを見てしまった。

⑦モッチがこっちを見ていた。よかったね、という感じに笑っていた。

わたしはしまったと思って、あわてて目をそらした。

モッチはいったいどういう気もちでいるんだろう、と思う。わたしが土曜日にいったことなんて、まるで気にしていないんだろうか。

わたしは隣の隣の列の、わたしと同じならびにすわっている佐伯くんをそっと見た。

佐伯くんはまっすぐ黒板を見ていた。佐伯くんはたぶん強い人なのだ。佐伯くんは、自分は自分、って思える人なんだろう。人が自分をどう思っているかなどと、あんまり考えない人なのだろう。佐伯くんはだれかといっしょのときも、そうでないときもあまり変わらない。ひとりでいても平気な顔をしている佐伯くんをわたしはかっこいいと思うようになっていた。ああいうふうになりたいと思っていた。でも、いまのわたしはぜんぜんちがっちゃってるのだ。

なにかが、と思った。佐伯くんにはあって、わたしにはない⑧なにかがある。それは力のようなものだろうか。わたしにはわからなかった。

村田くんの答えも原口くんの答えも合っていた。

先生が赤いチョークで三人の書いた答えに丸をつけた。

「よくできました」と先生はいった。

（『わたしのあのこ　あのこのわたし』岩瀬成子　PHP研究所）

問一　――部①についてなぜそう思ったのか、その理由を説明した一文を抜き出し、はじめと終わりの五字を書きなさい。

はじめ

終わり

二〇二三年度　山梨英和中学校　一般入試問題

国語2

受験番号　　名前

問二　――部②「それ」が指し示している内容を本文中の語句を用いて答えなさい。

問三　[1]～[4]に入る文として適切なものを選び、それぞれ記号で答えなさい。

ア「えー、なにいってんの。わたしたち、悪口でいってるんじゃないよ」
イ「あのね、人のことを『しっぽ』なんて呼んだりしちゃだめなんじゃないの」
ウ「ちょっと、モッチの肩を持たないでよ。関係ないでしょ」
エ「何度もいってると、悪口と同じだよ」

問四　――部③「なにか」とはどのようなことだと考えられるか、自分で考えて書きなさい。

問五　――部④について、このときの「モッチ」の気持ちの説明として最もふさわしいものを次から選んで記号で答えなさい。

ア　大沢さんたちが自分のことをほめてくれることを嬉《うれ》しく思う気持ち。
イ　大沢さんたちが自分のことを悪く言うことを憎《にく》らしく思う気持ち。
ウ　「わたし」と佐伯くんが自分を裏切ったことを悲しく思う気持ち。
エ　大沢さんたちが自分のことを話題にしていることに困っている気持ち。

問六　――部⑤について、このときの「わたし」の気持ちの説明として最もふさわしいものを次から選んで記号で答えなさい。

ア　自分がモッチに対して悪いことをしてしまったと思いながらもそれを認めたくないという気持ち。
イ　モッチに対して悪いことをしているのは大沢さんたちなのだから自分は悪くないという気持ち。
ウ　佐伯くんと自分を比べると自分の方が悪いけれども、そのように比べることは意味がないという気持ち。
エ　モッチにいじわるなことを言ってしまったことに対してきちんと謝ったのでもう悪くないという気持ち。

問七　――部⑥について、なぜ「わたし」は「下をむいた」のか、自分で考えて書きなさい。

問八　――部⑦について、なぜ「わたし」は「あわてて目をそらした」のか、その理由を説明した次の文の空欄《くうらん》に入る言葉を本文中から指定された字数で抜き出して書きなさい。

もう[1（二十字）]と決めたにもかかわらず、つい[2（十三字）]から。

問九　――部⑧「なにか」を説明した次の文の空欄《くうらん》に入る言葉を本文中から五字で抜き出して書きなさい。

[　　]と思える強さ。

二〇二三年度　山梨英和中学校　一般入試問題

国語3

受験番号		名前	

二　次の文章を読んで後の問に答えなさい。字数制限のあるものは、句読点（「。」「、」）や記号も字数に含《ふく》みます。

（『データでわかる2030年　地球のすがた』夫馬賢治）

※欧州…ヨーロッパ　※EU…ヨーロッパを中心に27ヵ国が加盟する連合。
※炭素還元剤…鉄を溶かすために用いられる物質。　※シフト…状態が変わること。
※マイクロプラスチック…細かいプラスチックごみで、海洋汚染の原因となる。　※摩耗《まもう》…すりへること。

問一　——線部①に関する次の問に答えなさい。

(1)　プラスチック製品の生産量の示す表1の（a）（b）にあてはまる生産量を文章中からそのまま抜き出しなさい。

表1

（年）	1950年ごろ	2015年	2050年（見通し）
生産量	200万トン	（　a　）	（　b　）

(2)　筆者は2050年のプラスチックの生産量を何に基づいて予想したか。文章中から九字の語を抜き出しなさい。

問二　A ～ D に入る語として最もふさわしいものを選び、記号で答えなさい。

ア　そのため　イ　ただし　ウ　そうすれば　エ　では

問三　——線部②「これ」はどのようなことを指すか。文章中の語を用いて二十字以内で答えなさい。

(1)

a	b

(2)

A	B	C	D

受験番号　　名前

問四　――線部③について、「国内でリサイクル」されないゴミはどうなっているのか。文章中の語を用いて説明しなさい。

問五　――線部④について、国際的な定義で比較した各国のリサイクル率を示す表2の(c)～(e)にあてはまるリサイクル率を文章中からそのまま抜き出しなさい。

表2

(国名)	日本	スペイン、ノルウェー	ドイツ、スウェーデン、デンマーク	オランダ	イギリス、イタリア	フランス
リサイクル率	(c)	(d)	約40%弱	約35%	(e)	約25%

c

d

e

問六　――線部⑤「モノからモノへのリサイクル」にあてはまるものを一つ選び、記号で答えなさい。

ア　不要になったベビーカーを赤ちゃんが生まれたばかりの家庭に譲る。
イ　タンスにしまいっぱなしになっていた古着を売って現金にする。
ウ　古い空き家を修理して、住みやすい住宅に作りかえる。
エ　古雑誌を古紙回収業者が引き取り、トイレットペーパーを作る。
オ　汚染した水に化学的な処理を行い毒性を除き、海に放出する。

問七　――線部⑥について、筆者は「プラスチック汚染」を止めるために何をしなければならないと言っているか。筆者の考えが書かれている一文を抜き出し、はじめと終わりの五字を答えなさい。

はじめ

終わり

問八　次のア～オの文で文章の内容と一致するものを一つ選び、記号で答えなさい。

ア　プラスチック製品の生産量は環境問題への配慮《はいりょ》によって今後減少することが予想される。
イ　日本では回収されたプラスチックごみはすべて焼却されエネルギーに換《か》えられる。
ウ　日本の「リサイクル」と欧州諸国の「リサイクル」とでは意味合いが異なる。
エ　日本は世界的に見れば環境先進国だが、国民の多くはそのことに気づいていない。
オ　今行われている「リサイクル」を続ければ「プラスチック汚染」の問題は解消される。

三　次の文章中の＝＝線部①～⑤は直接どこに係るか。～～線部から選び、記号で答えなさい。

地震《じしん》を予知することは非常に難しい。地震発生を予知することができれば、それが①被害《ひがい》を　ア最小限に　イ食い止める　ウ最も　エ効果《こうか》的な　オ方法に　カなるのだが、二十一世紀になった　②今も　キ完全に　ク予知することは　ケできない。現在、地震学者や行政が行っている科学的な地震予知には、地盤《じばん》の変異、電磁波《でんじは》の異常、大気中のイオン濃度《のうど》の変化などによって予知する方法がある。これらは公式に認められている科学的手法だ。一方、自然や動物の　③前兆《ぜんちょう》現象から　コ地震を　サ予知する　シ方法も　スある。数百年も前から論議されてきたが、いまだ公式には認められておらず、非科学的な代物《しろもの》と見なす専門家も少なくない。しかし、前兆現象と地震とは、④まったく　セ因果関係が　ソないとは　タ言い切れないとの　チ指摘《してき》も　ツある。実際、一九二三(大正十二)年九月一日に発生した関東大震災では、次のような　⑤前兆現象が　テ数ケ月も　ト前から　ナ起こっていたことが　ニ知られている。

①

②

③

④

⑤

二〇二三年度　山梨英和中学校　一般入試問題

受験番号		名前	

国語5

四　次の各文の――線部について、ひらがなは正しく漢字で書き、漢字はひらがなで読みを書きなさい。（送りがなのあるものは送りがなも書きなさい。）

① パソコンをそうさする。

② きりつ正しい生活。

③ 友人をしょうたいする。

④ クーポンのゆうこう期間。

⑤ 歴史にかんしんがある。

①	②	③	④	⑤

⑥ けんあくな雰囲気《ふんいき》。

⑦ 友人をほうもんする。

⑧ 服装をととのえる。

⑨ お金を工面する。

⑩ 強情な性格。

⑥	⑦	⑧	⑨	⑩

一般入試　算　数　山梨英和中学校

（試験時間　５０分）

注意

１．始めの合図があるまで、問題を開いてはいけません。

２．始めの合図があったら、解答用紙に受験番号と名前を書きなさい。

３．時間は５０分です。

４．解答は解答用紙に、はっきりと記入しなさい。また考え方も答える問題については途中の計算もきちんと書きなさい。

５　問題冊子は、ばらさずに解きなさい。表紙の裏から問題があります。

６．問題の印刷が読めないときや、質問があるときは静かに手をあげなさい。

７．終了の合図があったら解答をやめ、係の先生の指示にしたがいなさい。

受験番号				名前	
	0	0	0		
	1	1	1		
	2	2	2		
	3	3	3		
	4	4	4		
	5	5	5		
	6	6	6		
	7	7	7		
	8	8	8		
	9	9	9		

1 次の計算をしなさい。

(1) 57－42÷3

(2) 14×(32－17)－43

(3) 4.03－3.25

(4) 2.7×5.6

(5) 26÷1.7 （小数第一位まで求め、余りも求めなさい）

(6) $\frac{2}{3}+\frac{1}{2}-\frac{7}{8}$

5 A社のタクシーは走った道のりが2km未満のとき料金は780円である。2kmになると190円が加算され、以降500mごとにも190円が加算される。タクシーが時速36kmで走るとき、次の問いに答えなさい。

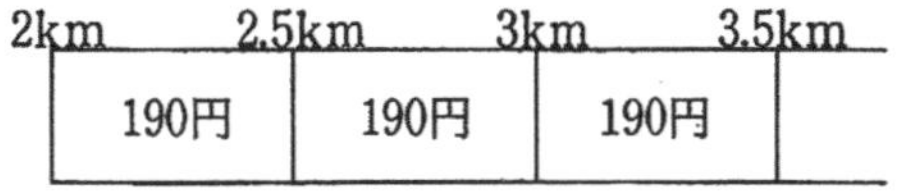

(1) 道のりが14.4kmのとき、A社のタクシーの料金は何円ですか。

(2) A社のタクシーに乗り目的地まで16分かかったとき、料金は何円ですか。

B社のタクシーは走った道のりが1.2km未満のとき料金は540円である。1.2kmになると距離料金として150円が加算され、以降500mごとに150円が加算される。また1.2kmになると時間料金として120円も加算され、以降3分ごとに120円が加算される。B社のタクシーも時速36kmで走るとする。

1.2km地点以降の道のり

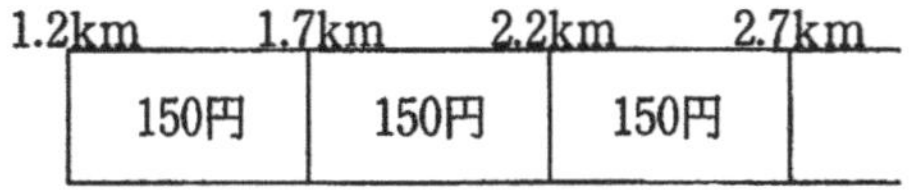

1.2km地点からかかった時間

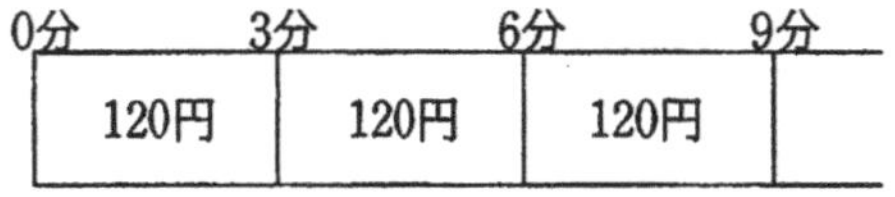

(3) 14.4kmの道のりをタクシーで移動する。A社のタクシーとB社のタクシーではどちらのほうが何円安くなりますか。

4 太さが一定の針金がある。お店でこの針金を 60cm 買うと代金は 36 円、32g 買うと代金は 96 円である。次の問いに答えなさい。

(1) この針金を 81 円で買ったとき、長さは何cmですか。

(2) この針金 225cm の重さは何gですか。

(3) お父さんがお店からこの針金を 270 円で買ってきた。家で 2 つに切ったところ、長いほうが短いほうより 20g 重かった。長いほうの針金の長さは何cmですか。

(7) $\frac{8}{21} \div \frac{20}{9}$

(8) $\frac{9}{4} \times \frac{10}{3} - \frac{25}{18} \div \frac{5}{12}$

(9) $\left(0.3 - \frac{1}{5}\right) \times \frac{5}{6}$

(10) $1.8 \div \frac{6}{5} \div 2\frac{2}{3}$

(11) $13 \times 1.5 + 17 \times 1.5$

(12) $100 - \{19 + (16 \times 7 - 37) \div 15\} \times 3$

2 次の問いに答えなさい。

(1) 12 冊は、50 冊の何 %ですか。

(2) 姉と妹がお金を出し合って、2700 円のプレゼントをお母さんのために買った。姉と妹がそれぞれ出した金額の比が 11：7 のとき、妹が出したのは何円ですか。

(3) 下の図は三角定規を重ねたものである。アの角度を求めなさい。

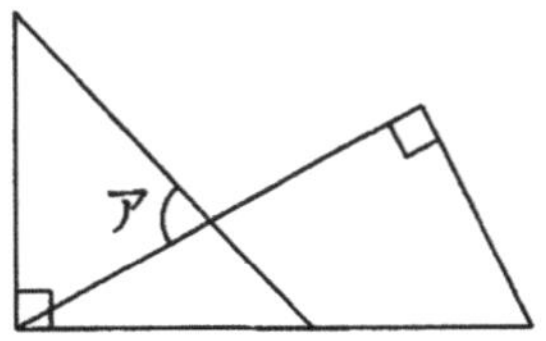

3 1 辺が 10 cm の正三角形の辺にそって、直径 6 cm の円が転がりながら一周する。このとき、次の問いに答えなさい。ただし円周率は 3.14 とする。

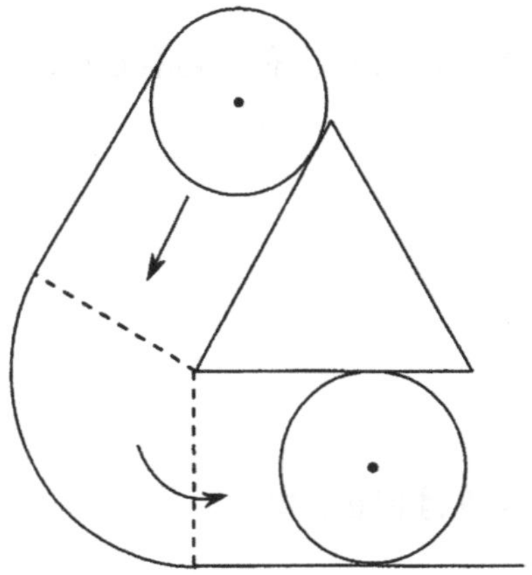

(1) 円の中心が通ったあとの長さを求めなさい。

(2) 円が通ったあとの面積を求めなさい。

※100点満点
（配点非公表）

2023年度 山梨英和中学校 一般入試 算数 解答用紙 1

受験番号	名前

1

(1)		(2)		(3)		(4)	
(5)	商		余り	(6)		(7)	
(8)		(9)		(10)		(11)	
(12)							

2

(1) [式]

%

(2) [式]

円

(3) [式]

度

3

(1) [式]

cm

(2) [式]

cm^2

32-(11)
【解答用紙2-(1)】

2023年度 山梨英和中学校 一般入試 算数 解答用紙 2

受験番号	名前

4

(1) [式]

cm

(2) [式]

g

(3) [式]

cm

5

(1) [式]

円

(2) [式]

円

(3) [式]

社のほうが　　　円安い

2023(R5) 山梨英和中　一般
教英出版

2023専願
国語

専願入試 国 語 山梨英和中学校

（試験時間 五〇分）

注意

1. 始めの合図があるまで、問題を開いてはいけません。
2. 始めの合図があったら、すべての問題用紙に受験番号と名前を書きなさい。
3. 時間は五〇分です。
4. 解答は決められた場所に、はっきりと記入しなさい。
5. 問題の印刷が読めないときや、質問があるときは静かに手をあげなさい。
6. 終わりの合図があったら解答をやめ、係の先生の指示にしたがいなさい。

名前				受験番号
	0	0	0	
	1	1	1	
	2	2	2	
	3	3	3	
	4	4	4	
	5	5	5	
	6	6	6	
	7	7	7	
	8	8	8	
	9	9	9	

受験番号

名前

国語1

※100点満点
（配点非公表）

一　次の文章を読んで後の問に答えなさい。

美咲《みさき》と陽太《ようた》の一人息子の悠人《ゆうと》（三歳）は、先天性の難聴《なんちょう》で耳が聞こえない。悠人は同じように耳の不自由な子どもが集《つど》う教室に通っている。ある日の教室からの帰り、母と子は世界にひとつだけのオルゴールを作ってくれるというオルゴール店に立ち寄り、悠人のためにオルゴールを注文した。その次の週の、教室からの帰り道である。

月曜日、悠人の教室が終わってから、美咲たちはいつものように運河《うんが》を歩き始めた。廃線跡《はいせんあと》の緑地まで、入り組んだ路地を抜けていく道筋は何種類もある。あのオルゴール店の前は通らないように、美咲は道を選んだ。

陽太の言うとおりだった。どうしてあんなものを買おうと思いついたのだろう。あの店員はきっと、できあがったオルゴールを悠人に渡し、聴《き》いて下さいと自信ありげにうながすだろう。あるいは自ら鳴らしてみせるかもしれない。いずれにせよ、短い旋律《せんりつ》が流れた後で、気に入ったかと問うに違《ちが》いない。

①悠人には答えられない。今回ばかりは、美咲が答えるわけにもいかない。

電話し注文をとりさげようかとも考えた。返品も可能なのだから、おそらく問題ないはずだ。でもよく考えたら、店名もわからなかった。引換証《ひきかえしょう》のようなものも渡《わた》されてなかったし、こちらの名前や連絡先《れんらくさき》も聞かれていない。あのときはぼんやりして不審《ふしん》にも感じなかったけれど、おおらかというか、いいかげんというか、やっぱり変な店だ。さすがに無断ですっぽかすのは気がひけるので、また、日をあらためて、美咲ひとりで出向くことにした。事情があって必要なくなったと謝《あやま》ろう。

②「今日はもうやめとく？帰ろうか？」

美咲の問いに、悠人は首を横に振った。右手で小さな握《にぎ》りこぶしを作り、胸の前でくるくると回してみせる。

覚えていたのか。

「わかった。取りにいこう」

美咲がa観念するまで、③悠人は一心に手を動かし続けていた。

店は先週と変わらず、（　A　）静かだった。

「いらっしゃいませ。お待ちしておりました」

店員は美咲たちを覚えていたようで、にっこり笑った。奥《おく》のテーブルの前に、すでに椅子《いす》がふたつ出してある。

「どうぞ、おかけ下さい」

愛想《あいそ》よくうながされ、美咲は悠人と並んで腰《こし》かけた。いつ来ると約束していたわけでもないのに、ずいぶん準備がいい。

「おふたりの足音が聞こえたので」

④美咲の内心を見透《みす》かしたかのように、店員が言った。

これは彼流《かれりゅう》の冗談《じょうだん》なのだろうか。前回見かけた耳の器具のことも頭をよぎり、美咲は反応に困ったが、彼はすまして続けた。

「もうじきコーヒーができます。お子さんには、ジュースを」

言い終えるなり、背後《はいご》でからんとベルが鳴った。

店に入ってきたのは、白いエプロンをつけた、おかっぱ頭の若い娘《むすめ》だった。両手で持った銀色の盆《ぼん》に、真っ白なソーサーつきのカップがふたつと、黄色いジュースの入ったガラスのコップがひとつ、のっている。コーヒーのいい香りが漂《ただよ》ってくる。悠人も鼻をひくひくさせて、（　B　）近づいてくる彼女を目で追っている。

彼女はテーブルの上に紙のナプキンとコースターを手際《てぎわ》よく並べ、三人分の飲みものを置くと、さっと一礼して出ていった。

「いつもお向かいにお願いしてるんです。僕はどうも、こういうのは得意じゃないもので」

それにしても、本当に準備がいい。まさか足音が実際に聞こえたわけではないだろうから、客が店に入っていくのが見えたらすぐに飲み物を用意して持ってくるように、あらかじめ頼《たの》んでおいたのだろうか。しかも、コーヒーの香りをかぐ限り、作り置きではなくきちんといれられたもののようだ。

ひと口飲んで、⑤それは確信《かくしん》に変わった。

「おいしい」

「でしょう。ここのコーヒーはb絶品なんです」

うれしそうに言ったわりに、店員は熱いコーヒーをじっくり味わうふうでもなかった。申し訳程度に口をつけたきりでカップを置き、居ずまいを正す。

「では、お聴きになりますか」

前のめりの体勢とまっすぐなまなざしが、教室で描《えが》いた絵やつんできた草花を見せてくるときの悠人と、そっくりだ。

美咲は隣《となり》を見やった。両足をぶらぶらさせてジュースを飲んでいた悠人が、（　C　）うなずいた。

「こちらです」

店員がテーブルの下から青い小箱を出し、悠人の正面にそっと置いた。

「どうぞ」

悠人が両手を伸《の》ばして箱を引き寄せた。ふたを開け、中の器械に目を落としつつ、細い持ち手を指でつまんでそろそろと回しはじめる。流れ出したのは、子守唄《こもりうた》だった。

速くなったり遅《おそ》くなったり、たどたどしかった旋律は、やがて安定した。素朴《そぼく》な音色を、⑥美咲は呆然《ぼうぜん》として聴いた。よく知っている曲だった。美咲自身が、何度となく歌った。

悠人のために。

めったに泣いたりぐずったりしない赤ん坊《ぼう》だった悠人だが、寝《ね》つきだけはあまりよくなかった。世界で起きているはずの楽しいことをどうしても見逃《みのが》すまいと心に決めているかのように、つぶらな瞳《ひとみ》をぱっちりと見開いて、いつまでも眠《ねむ》ろうとしなかった。まだ耳のことを知る前、息子を眠りに誘《さそ》おうと、美咲は繰《く》り返し歌った。ある時は腕《うで》に抱《だ》き、ゆすってあやしながら。ある時はベッドに寝かせて（　D　）優《やさ》しくおなかをたたいてやりながら。

わたしの声は、この子に届いていた。

美咲の目の前で青い箱がにじんだ。ゆるやかに動いている、悠人のぷっくりとした手もぼやけた。とっさに紙ナプキンをつかみ、目もとに押《お》しあてる。オルゴールの音がとぎれた。

（『ありえないほどうるさいオルゴール店』瀧羽麻子）

二〇二三年度　山梨英和中学校　専願入試問題

国語2

受験番号　　名前

問一　===線部a～bの語の意味として、もっともふさわしいものを次から選び記号で答えなさい。

a「観念する」　ア　あきらめる　イ　がっかりする　ウ　満足する　エ　感動する

b「絶品」　ア　とてもおとっている物　イ　とてもすぐれている物　ウ　とても限りある物　エ　とても存在しない物

問二　（　A　）～（　D　）に入る語として、もっともふさわしいものを次から選び記号で答えなさい。

ア　しずしずと　イ　こくりと　ウ　ぽんぽんと　エ　ひっそりと

問三　――線部①「悠人には答えられない。」とありますが、悠人はなぜ答えることができないのですか。その理由としてもっともふさわしいものを次から選び記号で答えなさい。

ア　悠人は音楽がきらいでオルゴールに関心を示さないから。
イ　悠人は耳が不自由でオルゴールの音が聞こえないから。
ウ　悠人はいつも、母親の美咲が先に答えるのを待っているから。
エ　悠人はオルゴールの音でなく、楽器演奏が好きだから。

問四　――線部②「今日はもうやめとく？帰ろうか？」とありますが、なぜですか。その理由を答えなさい。

問五　――線部③で悠人が「一心に手を動かし続けた」の説明として、もっともふさわしいものを次から選び記号で答えなさい。

ア　もう家に帰りたいという気持ちを美咲に伝えている。
イ　来た道にもどりたいという気持ちを美咲に伝えている。
ウ　オルゴールには関心がないことを美咲に伝えている。
エ　オルゴール店に行きたいという気持ちを美咲に伝えている。

問六　――線部④「美咲の内心」はどのようなことですか、文中の言葉を使って答えなさい。

問七　――線部⑤「それ」とはどういうことですか。

問八　――線部⑥「美咲は呆然《ぼうぜん》として聴いた。」とありますが、なぜですか。その理由としてもっともふさわしいものを次から選び記号で答えなさい。

ア　オルゴールから流れた曲が知っている曲で、悠人によく歌った曲だったから。
イ　オルゴールから流れた曲が聴いたこともないほど、美しい曲だったから。
ウ　オルゴールから流れた曲のテンポがずれて、びっくりしたから。
エ　オルゴールから流れた曲がとぎれて、最後まで聴くことができなかったから。

二　次の文章は、アジアの南西部にあるパキスタンとアフガニスタンで活動した医師中村哲《なかむらてつ》さんについて書かれています。これを読んで後の問に答えなさい。

二〇二三年度　山梨英和中学校　専願入試問題

受験番号

名前

国語3

お詫び

著作権上の都合により、文章は掲載しておりません。
ご不便をおかけし、誠に申し訳ございません。

教英出版

＊ハンセン病…慢性《まんせい》の感染症《かんせんしょう》。治療が可能。

（『カカ・ムラド―中村のおじさん』ガフラワ）

食料不安に苦しむ国々の状態（２０１６年）

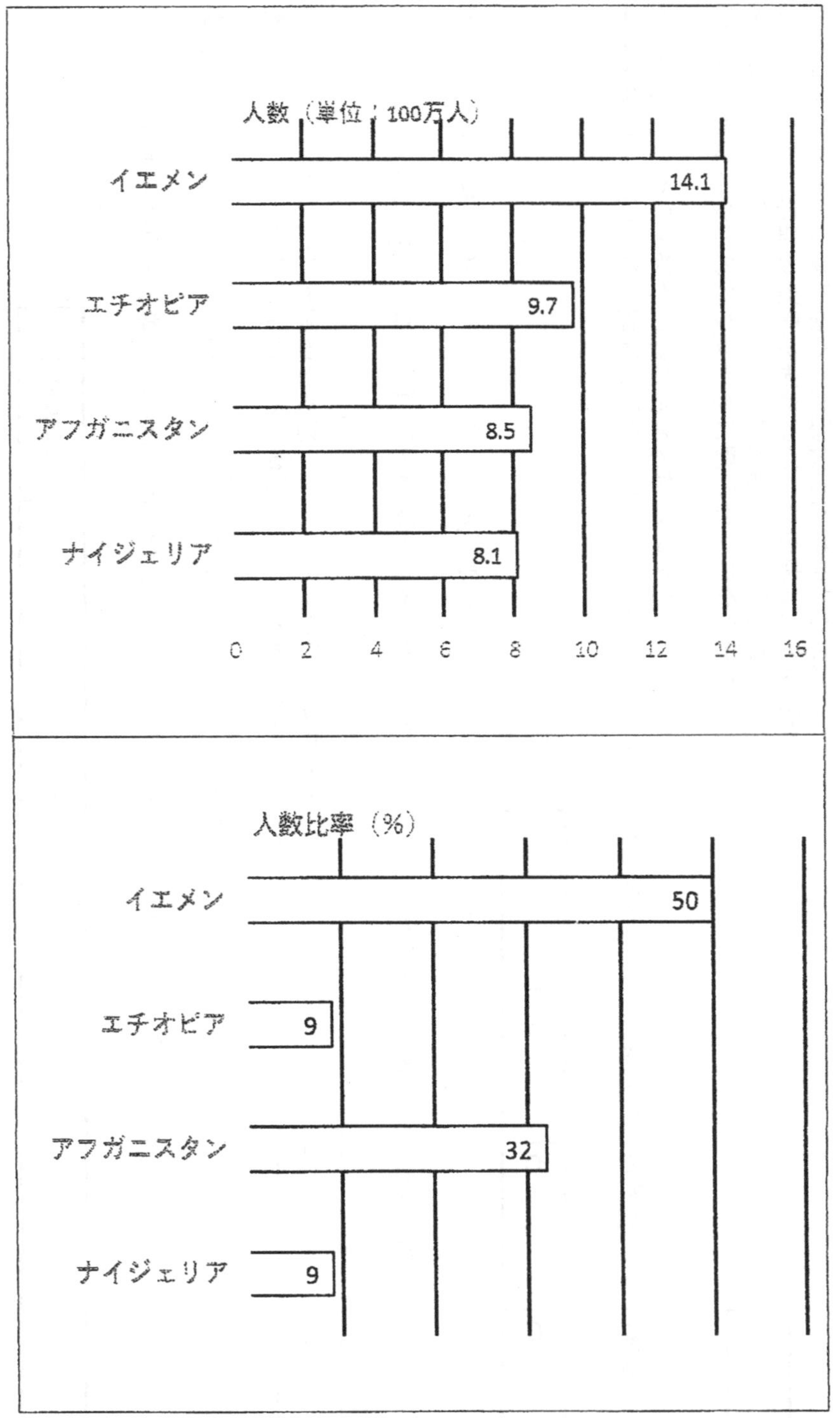

『地図とデータで見るＳＤＧｓの世界』より

二〇二三年度　山梨英和中学校　専願入試問題

受験番号		名前	

国語4

問一 [A]～[B]に入る体の部分を選び、記号で答えなさい。
ア 目　イ 鼻　ウ 足　エ 腰《こし》　オ 背中

A	B

問二 （ａ）～（ｄ）に入る言葉として、もっともふさわしいものを次から選び記号で答えなさい。
（記号は一度しか使ってはいけません）
ア つまり　イ もちろん　ウ まず　エ もはや

a	b	c	d

問三 ――線部①「知るよしもありません」の言葉の意味として、もっともふさわしいものを次から選び、記号で答えなさい。
ア 良いか悪いかわからない　イ 知らない方が良かった　ウ 知っているはずもない　エ 知ろうともしない

問四 ――線部②「患者の半分はアフガニスタン人」とありますが、アフガニスタン人がなぜパキスタンまで来るのか、本文中の言葉を使って理由を答えなさい。

問五 ――線部③「この一帯」とはどこを指すか、答えなさい。

問六 ――線部④中村さんは、なぜ「井戸」を掘るのをやめてしまったのか、本文中の言葉を使って理由を答えなさい。

問七 本文中のグラフを見てわかることについて、四人の中で正しい発言をしている人はだれか、記号で答えなさい。
Aさん「アフガニスタンには、八五〇〇万人もの食料不安に苦しむ人がいることがわかります」
Bさん「人数比率で見てみると、アフガニスタンとナイジェリアはあまり差がないと言えます」
Cさん「エチオピアの方が人数は多いけど、人数比率だとアフガニスタンの方が苦しそうです」
Dさん「アフリカは苦しい国が多い、イエメンをはじめ四カ国すべてアフリカの国だからです」

（　　）さん

問八 アフガニスタンでは、一九九〇年から二〇一五年の二十五年間に、五十万人ものコレラ（下痢や高熱をともなう感染症）の患者が出たという報告があります。本文を読んで、この理由を答えなさい。

三

次の各文の＝＝＝がかかっていくところを、記号で答えなさい。

① ア明日　もし　イ雨が　ウ降れば　エ運動会は　オ延期だ。
② ア私たちの　イ班は　きれいに　ウ床を　エみがいて　オほめられた。
③ ア教会の　十字架は　イまたたく　ウ星の光に　エ美しく　オてらされている。

①	②	③

四

次の各文の[　]に入る敬語として、もっともよいものを記号で答えなさい。

① お客様、どうぞおかしを[　]ください。
ア めしあがって　イ 食べて　ウ いただいて

② 校長先生は、十時に[　]予定です。
ア まいる　イ いらっしゃる　ウ 来る

①	②

二〇二三年度　山梨英和中学校　専願入試問題

国語5

受験番号		名前	

五　次の各文の――線部について、ひらがなは正しく漢字で書き、漢字はひらがなで読みを書きなさい。送りがなが必要なものは送りがなも書きなさい。

① 読書にむちゅうになる。

② おんだんな土地にくらす。

③ りんじのバスが出発する。

④ 工業製品をゆしゅつする。

⑤ 合唱大会のしき者となる。

①	②	③	④	⑤

⑥ 一位との差をちぢめた。

⑦ 鏡にすがたをうつす。

⑧ 勇気を奮って立ち向かう。

⑨ メールで母の安否を問う。

⑩ 情報を取捨選択《せんたく》する。

⑥	⑦	⑧	⑨	⑩
		って		

2023	専　願	
	算　数	

専願入試　算　数　山梨英和中学校

（試験時間　５０分）

注意
1．始めの合図があるまで、問題を開いてはいけません。
2．始めの合図があったら、解答用紙に受験番号と名前を書きなさい。
3．時間は５０分です。
4．解答は解答用紙に、はっきりと記入しなさい。また考え方も答える問題については途中の計算もきちんと書きなさい。
5．問題用紙は、ばらさずに解きなさい。表紙の裏から問題があります。
6．問題の印刷が読めないときや、質問があるときは静かに手をあげなさい。
7．終了の合図があったら解答をやめ、係の先生の指示にしたがいなさい。

受験番号				名前	
	0	0	0		
	1	1	1		
	2	2	2		
	3	3	3		
	4	4	4		
	5	5	5		
	6	6	6		
	7	7	7		
	8	8	8		
	9	9	9		

1 次の計算をしなさい。

(1) $18+42\div6$

(2) $63-8\times(18-12)$

(3) $2.35-0.76$

(4) 1.6×0.7

(5) $7.5\div3.5$ （小数第一位まで求め、余りも求めなさい）

(6) $\frac{1}{6}+\frac{3}{4}-\frac{2}{3}$

5 英子さんは家を13時に出て、家から4 kmはなれた図書館に向かった。途中《とちゅう》、公園で飲み物を買い、少し休けいしてまた図書館に向かった。公園で休んでいるとき、自転車で図書館から家に帰るお姉さんとすれちがった。下のグラフは英子さんとお姉さんの進む様子の一部を表したものである。次の問いに答えなさい。

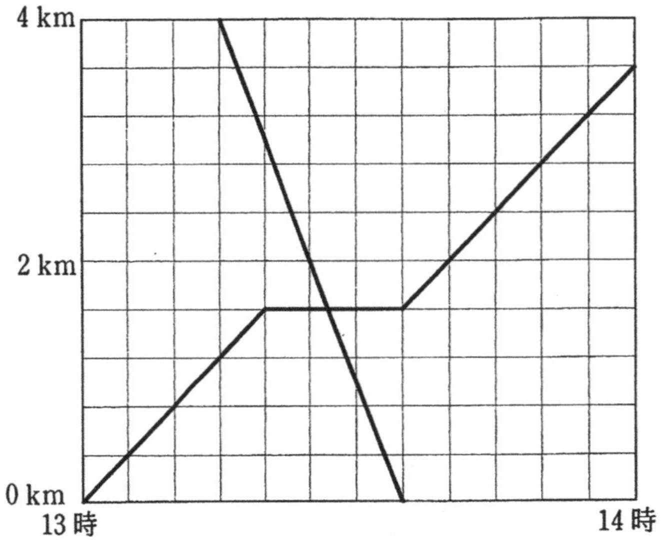

(1) 家から公園まで英子さんは分速何 m で進みましたか。

(2) お姉さんは時速何 km で進みましたか。

(3) お姉さんが公園を通ったのは、英子さんが公園に着いてから何分後ですか。

(4) 英子さんは14時までに図書館に到着できなかった。公園で休んだ後、分速何mで進めば14時までに到着できましたか。

4　英子さんとお姉さんは日曜日一緒に出かけた。二人で一緒に映画を観た後、お昼には数種類あるハンバーガーセットの中から、それぞれ食べたいものを注文して食べた。映画代の1300円と昼食代はそれぞれが支払った。その後、二人で2700円のお母さんの誕生日プレゼントを買い、お姉さんのほうが300円多く払った。二人の支払いの合計を計算すると、二人であわせて6560円使ったことがわかり、英子さんの残金は所持金の4割だけだった。また、お姉さんの支払い額のほうが英子さんよりも440円多かった。次の問いに答えなさい。

(1)　お母さんの誕生日プレゼントはそれぞれいくらずつ払いましたか。

(2)　お昼に食べたハンバーガーは英子さんとお姉さん、どちらのほうがいくら高かったですか。

(3)　英子さんの最初の所持金はいくらでしたか。

(7)　$\frac{15}{16} \div \frac{35}{36}$

(8)　$\frac{4}{7} \times \frac{3}{2} - \frac{3}{5} \div \frac{9}{10}$

(9)　$\left(1.5 - \frac{2}{7}\right) \times 28$

(10)　$2\frac{1}{4} \div 2.4 \times \frac{18}{25}$

(11)　$3.6 \times 6.8 + 1.4 \times 6.8$

(12)　$21 - (250 - 13 \times 18) \div 8 \times 2$

2 次の問いに答えなさい。

(1) 英子さんの国語・算数・理科の３科目のテストの平均点は 78 点だった。社会が 86 点のとき、４科目の平均点は何点ですか。

(2) 1500 円の品物を 20 % 引きで買ったときの代金は何円ですか。

(3) １辺が 8 cm の正方形の中に直径 8 cm の半円がある。黒くぬった部分の面積を求めなさい。ただし、円周率は 3.14 とする。

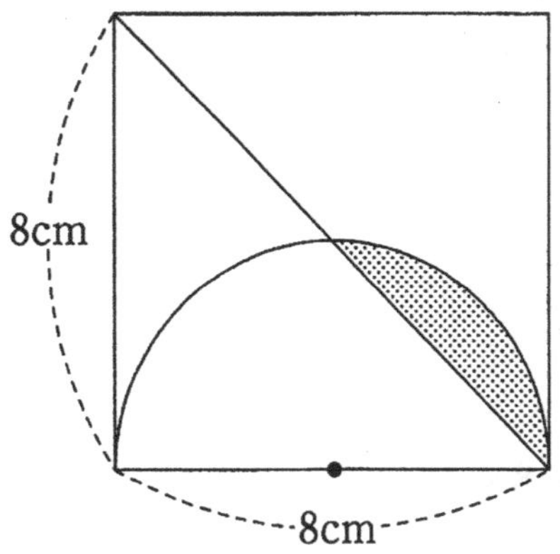

3 下の図のような立体の体積の求め方について、英子さんと和子さんが話をしている。次の問いに答えなさい。

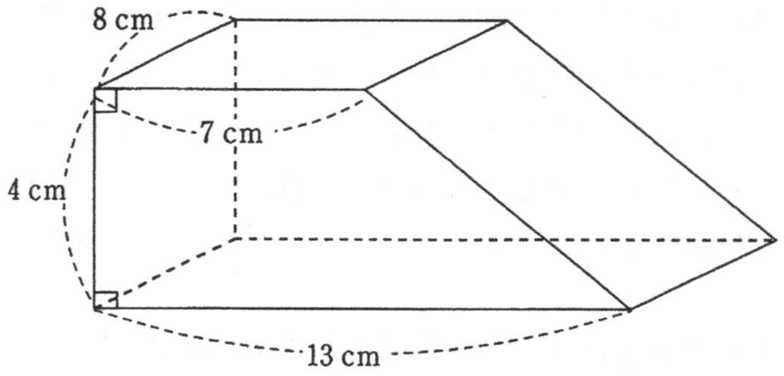

英子：和子さんならこの立体の体積をどう求める？
和子：私はこの立体を①２つの立体に分けて求めると思う。
英子：それは直方体と（　**ア**　）に分けるということ？
和子：そう。ほかにはどんな求め方があるかしら。
英子：見方を変えて、②側面の台形を底面にするとどうかな？
和子：そうすると底面が台形の立体になるわね。あとは、これと③全く同じ立体を逆さにして組み合わせるのはどうかな？
英子：それいいね！
　　　そうすると，縦が 8 cm、横が（　**イ**　）、高さが 4 cm の直方体の体積を半分にすれば求められるね。
和子：体積もいろいろな求め方があって、面白いね。

(1) （　**ア**　）に入る立体の名前と、（　**イ**　）に入る長さを答えなさい。

(2) 下線①の考え方で立体の体積を求めなさい。

(3) 下線②の考え方で立体の体積を求めなさい。

(4) 下線③の考え方で立体の体積を求めなさい。

(5) 英子さんと和子さんが考えた求め方以外で、この立体の体積を求めなさい。また、その考え方を簡単に説明しなさい。

2023	専　願	
	英　語	

専願入試　英　語　山梨英和中学校

（試験時間　２５分）

注意

１．始めの合図があるまで、問題を開いてはいけません。

２．始めの合図があったら、すべての問題用紙に受験番号と名前を書きなさい。

３．開始後すぐに、Watch and Listen が始まりますので、問題用紙を準備しなさい。

４．時間は Watch and Listen を含めて２５分です。

５．解答は決められた場所に、はっきりと記入しなさい。

６．問題の印刷が読めないときや、質問があるときは静かに手をあげなさい。

７．終了の合図があったら解答をやめ、係の先生の指示にしたがいなさい。

受験番号				名前	
	0	0	0		
	1	1	1		
	2	2	2		
	3	3	3		
	4	4	4		
	5	5	5		
	6	6	6		
	7	7	7		
	8	8	8		
	9	9	9		

2023年度　山梨英和中学校　専願入試問題　英語１

受験番号		名前	

※50点満点
（配点非公表）

I　Watch and Listen

※映像は収録しておりません

Part 1　映像をよく見て英語を聞いてください。２番目に話す人の言葉として最も合うものを３つの中から１つ選んで、記号で答えなさい。
問題は２回ずつ読まれます。

(1)　(A)　(B)　(C)

(2)　(A)　(B)　(C)

(3)　(A)　(B)　(C)

(4)　(A)　(B)　(C)

Part 2　映像をよく見て２人のやり取りを聞いてください。それについての質問を聞き、その答えとして最も合うものを３つの中から１つ選んで、記号で答えなさい。問題は２回ずつ読まれます。

(1)
(A) Go to see a movie.
(B) Study for the test.
(C) Visit his uncle.

(2)
(A) Use her father's camera.
(B) Draw some pictures.
(C) Go to the festival with her father.

(3)
(A) At 4.
(B) At 5.
(C) At 8.

(4)
(A) In a restaurant.
(B) In a movie theater.
(C) In a car.

受験番号		名前	

Ⅱ 筆記問題

Part 1 次の各文の（　　）に入れるのに最も合うものを４つの中から１つ選んで、番号で答えなさい。

(1) I don't (　　) dinner on Sundays. I go to a restaurant.
1. use　2. cook　3. play　4. eat

(2) My tennis racket is very old. I want a (　　) one.
1. little　2. high　3. slow　4. new

(3) That lady is Ms. Brown. I know (　　) very well.
1. it　2. her　3. him　4. you

(4) My father reads the newspaper (　　) the morning.
1. on　2. in　3. to　4. out

(5) A : Let's make sandwiches for lunch, Mom.
B : Oh, we can't. We don't have any (　　).
1. ice　2. bread　3. pencil　4. newspaper

(6) A : (　　) is Jane from?
B : She's from Australia.
1. Why　2. Whose　3. Where　4. What

Part 2 次の会話について、（　　）に入れるのに最も適切なものを４つの中から１つ選んで、番号で答えなさい。

(1) Boy: Which notebook is yours?
Girl: (　　)
1. That's right.　2. I have two.
3. The blue one.　4. It's 200 yen.

(2) Girl: Can we go shopping today?
Mother : (　　)
1. Of course.　2. It's me.
3. No, thank you.　4. This year.

(3) Girl: Do you often use a computer?
Boy: No. But (　　)
1. it's not mine.　2. we can do that.
3. it's a book.　4. my sister does.

2023 年度　山梨英和中学校　専願入試問題　英語３

受験番号		名前	

Part 3　次の絵の内容を最もよく表しているものを４つの中から１つ選び、番号で答えなさい。

(1)

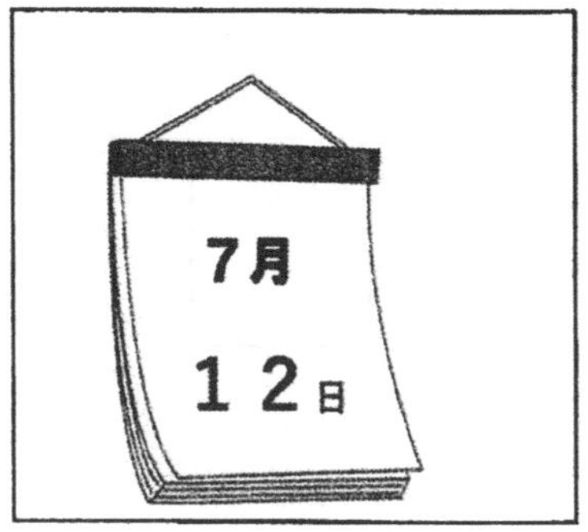

1. It's on June twelfth.
2. It's on July twelfth.
3. It's on June twentieth.
4. It's on July twentieth.

(2)

1. He is riding a train.
2. He is waiting for a train.
3. He is getting off a train.
4. He is watching a train.

(3)

1. The cat is on the chair.
2. The cat is under the chair.
3. The cat is in the basket.
4. The cat is on the floor.

Part 4　次のポスターについての質問を読み、その答えとして最も合うものを１つ選び、番号で答えなさい。

Old Book sale at our library

Come and enjoy finding good books at our library.

★We will sell old books：

Date: Saturday, February 4th to Sunday, February 19th,

Time: Monday to Friday: 10 a.m. to 7 p.m.

Saturday and Sunday: 9 a.m. to 6 p.m.

Price: All Japanese books are $3.

English books are $5.

*If you buy 2 English books, you can get an English picture book for free.

Food shop

The Maple Bakery will open a special shop inside the library.

They will open from 12 a.m. to 3 p.m. on Saturday and Sunday.

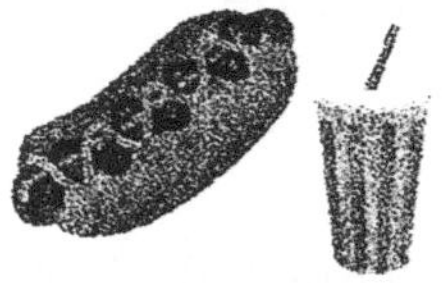

Hot dogs are $4.

Drinks are $1.

(1) What time does the sale start on Sunday?

1. At nine in the morning.　2. At ten in the morning.
3. At six in the evening.　4. At seven in the evening.

(2) If you buy 3 Japanese books and 2 hot dogs, how much will you pay?

1. 9 dollars.　2. 15 dollars.
3. 17 dollars.　4. 21 dollars.

(3) If you buy 2 English books, what will you get?

1. A Japanese book.　2. A hot dog.
3. A drink.　4. A picture book.

(4) If you want to enjoy hot dogs, when should you go to the library?

1. After 3 p.m. on Monday.　2. Before 3 p.m. on Monday.
3. After 3 p.m. on Sunday.　4. Before 3 p.m. on Sunday.

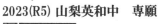

※100点満点
（配点非公表）

2023年度 山梨英和中学校 専願入試 算数 解答用紙 1

受験番号	名前

1

(1)		(2)		(3)		(4)	
(5)	商		余り	(6)		(7)	
(8)		(9)		(10)		(11)	
(12)							

2

(1)	[式] 点	(2)	[式] 円
(3)	[式] cm^2		

3

(1)	ア		イ	cm

(2)	[式] cm^3	(3)	[式] cm^3
(4)	[式] cm^3	(5)	[考え方] cm^3

【解答用紙2-(1)】 32-(27)

2023年度 山梨英和中学校 専願入試 算数 解答用紙 2

受験番号	名前

4

(1) [式]

英子　　　円　姉　　　円

(2) [式]

さんのほうが　　　円高かった

(3) [式]

円

5

(1) [式]

分速　　　m

(2) [式]

時速　　　km

(3) [式]

分後

(4) [式]

分速　　　m

32-(28)
【解答用紙2-(2)】

自己推薦入試　作　文　山梨英和中学校

（試験時間　三〇分）

注意

1. 始めの合図があるまで、問題を開いてはいけません。
2. 始めの合図があったら、問題用紙と作文用紙に受験番号と名前を書きなさい。
3. 時間は三〇分です。
4. 作文の決まりを守って、はっきりと記入しなさい。
5. 問題の印刷が読めないときや、質問があるときは静かに手をあげなさい。
6. 終わりの合図があったら解答をやめ、係の先生の指示にしたがいなさい。

名前

受験番号			
	0	0	0
	1	1	1
	2	2	2
	3	3	3
	4	4	4
	5	5	5
	6	6	6
	7	7	7
	8	8	8
	9	9	9

2023自己推薦
作　文

二〇二三年度　山梨英和中学校　自己推薦入試　作文

受験番号		名前	

次の文章は、大学の先生が授業のテストの様子を書いたものです。

大学で「道徳教育の研究」を担当していた時のことでした。学期末テストの監督《かんとく》をしていた私は、一人の四年生が席を立ち上がってから、また何か思い直して座《すわ》る姿に気付きました。九十分テストでしたが、六十分経《た》ったら、書き終えた人は退席してよいことになっていたのです。

座り直したこの学生は、ティッシュを取り出すと、自分の机の上の、消しゴムのカスを集めてティッシュに収め、再び立ち上がって目礼《もくれい》をしてから教室を出て行きました。

私は教壇《きょうだん》を降り、その人の答案に書かれた名前を確かめたように覚えています。嬉《うれ》しかったのです。ちょうどその頃《ころ》、教えている学生たちと、「面倒《めんどう》だからしよう」という、ちょっとおかしな日本語を合言葉にしており、この四年生は、それを実行してくれたのでした。

「生きる力を育てる」ということが、教育の世界で叫《さけ》ばれています。このむずかしい社会を生き抜《ぬ》くために大切なことなのですが、〝よりよく〟生きる、〝人間らしく〟生きる力でなければいけないのではないでしょうか。（中略）

消しゴムのカスをそのままにしておくのも、片づけて席を立つのも、本人の自由です。しかし、よりよい選択《せんたく》ができる人たちを育てたい。安易《あんい》に流れやすい自分と絶えず闘《たたか》い、面倒でもする人、倒《たお》れてもまた立ち上がって生きてゆく人を育てたいのです。

渡辺和子『面倒だから、しよう』（幻冬舎）

問題

「面倒だからしよう」という合言葉を、生活の中で、また学習においてあなたが実行するとしたら、どんなことがあげられますか。四〇〇字以上五〇〇字以内で書きなさい。

作文

二〇二三年度　山梨英和中学校入学試験　原稿用紙

2023 中学自己推薦
作文

受験番号

名前

（評価基準非公表）

500字

400字

2022一般
国語

一般入試　国語

山梨英和中学校

（試験時間　五〇分）

注意

1. 始めの合図があるまで、問題を開いてはいけません。
2. 始めの合図があったら、すべての問題用紙に受験番号と名前を書きなさい。
3. 時間は五〇分です。
4. 解答は決められた場所に、はっきりと記入しなさい。
5. 問題の印刷が読めないときや、質問があるときは静かに手をあげなさい。
6. 終わりの合図があったら解答をやめ、係の先生の指示にしたがいなさい。

名前				受験番号
	0	0	0	
	1	1	1	
	2	2	2	
	3	3	3	
	4	4	4	
	5	5	5	
	6	6	6	
	7	7	7	
	8	8	8	
	9	9	9	

二〇二二年度　山梨英和中学校　一般入試問題

国語1

※100点満点
（配点非公表）

受験番号		名前	

一　次の文章の登場人物「おれ」（椎馬瞬平太《しいばしゅんぺいた》）はお寺の子どもで小学五年生。一ヵ月ほど前、住職である「父ちゃん」が、交通事故で視力を失った小野原拓斗《おのはらたくと》を家であずかると言って連れてきた。その日からいっしょの暮らしがはじまった。これを読んで後の問いに答えなさい。

お詫び
著作権上の都合により、文章は掲載しておりません。
ご不便をおかけし、誠に申し訳ございません。
教英出版

（「みどパン協走曲」黒田六彦）

*直談判…直接意見を言うこと

問一　――線部（1）「けげんそうに」（2）「ぶしつけな」の言葉の意味として最もふさわしいものを選び、記号で答えなさい。

（1）「けげんそうに」
ア　気味悪そうに　イ　心配そうに　ウ　不思議そうに　エ　いやそうに

（2）「ぶしつけな」
ア　気のどくそうな　イ　ていねいな　ウ　とても無礼な　エ　いそがしそうな

（1）	（2）

問二　（ａ）～（ｂ）に入る言葉として最もふさわしいものを選び、記号で答えなさい。

ア　つめをかんで　イ　唇《くちびる》をかんで　ウ　息をのんで　エ　なみだをのんで

（ａ）	（ｂ）

二〇二二年度　山梨英和中学校　一般入試問題

受験番号　　名前

国語2

問三　A 〜 D に入る文として最もふさわしいものを選び、記号で答えなさい。

ア　はい
イ　おじさん、成功ってどういうこと?
ウ　おれはいい
エ　もういいよ

A　B　C　D

問四　――線部①「カチンときた」理由として、最もふさわしいものを選び、記号で答えなさい。

ア　別のテントの女子高校生から口出しされたから
イ　拓斗といっしょに参加できなくなりそうだから
ウ　拓斗だけでなく自分まで参加できなくなるから
エ　一般の盲人ランナーの出場も認めていないから

問五　――線部②「おとなはいつもこれだ」とは、「おとな」のどのような点に対して「おれ」は反発しているのですか。自分の言葉で答えなさい。

問六　――線部③「女の人」とはどのような人か、本文中の言葉を用いて答えなさい。

問七　④ には、鳥の名前が入る。カタカナで答えなさい。

問八　――線部⑤「くすぐったそうな顔」をした気持ちとして、最もふさわしいものを選び、記号で答えなさい。

ア　さわぎを引き起こしてとても困ってしまった
イ　自分のことで直談判までするとはめいわくだ
ウ　意外なところに自分の味方がいてうれしい
エ　サポーターの存在に気がつけずはずかしい

問九　――線部⑥「一番ふさわしいロープだ」という理由として、最もふさわしいものを選び、記号で答えなさい。

ア　盲人ランナーには、伴走者のロープが必要だから
イ　一ヵ月練習した苦しみだけがしみついているから
ウ　寒くても素手でロープの感触を確かめられるから
エ　けんかをしたり助け合ったりした二人の絆だから

問十　――線部⑦「失敗してはいけないんだ」という父親の言葉について話し合いました。最もふさわしい発言をしている人はだれか、記号で答えなさい。

Aさん「失敗してケガをしたら、もともと走るのが苦手な拓斗君が自信をなくすからです」
Bさん「健康な人と障がいのある人がいっしょに走ることのすばらしさを伝えるためです」
Cさん「住職としての立場から、失敗は成功のもとだと教えたかったためだと思います」
Dさん「自分が応援に行かなかったために失敗したのだと言われたくなかったからです」

さん

二　次の文章を読んで後の問いに答えなさい。字数制限のあるものは、句読点（「。」「、」）や記号も字数に含《ふく》みます。

【1】日本では過去一〇〇年で平均気温が一・三度上昇《じょうしょう》し、夏には三十度を超《こ》える真夏日や、三十五度以上の日も珍《めずら》しくなくなりました。気象庁では、今まで二十五度以上の日を「夏日」、三十度以上の日を「真夏日」と呼んでいましたが、あまりにも三十五度以上の日が当たり前となったので、二〇〇七年に三十五度以上の日を①「猛暑日《もうしょび》」と新しく名付けたほどです。夏の夜も暑くなっており、二十五度以下には下がらない熱帯夜が増加しています。猛暑や熱帯夜の増加に伴《ともな》って、熱中症《ねっちゅうしょう》になる人も急増しており、二〇一〇年には救急車で搬送《はんそう》される熱中症患者《かんじゃ》が全国で五万人を超え、一七〇〇人も亡《な》くなりました。熱中症といえば、夏の炎天下《えんてんか》に戸外で運動したり

受験番号

名前

国語3

するときにかかる、と思っている方が多いかもしれませんが、実は家の中で発生するケースが三分の一を占《し》めるのです。特に六十五歳《さい》以上では、半数以上が家の中で熱中症になっています。（　Ａ　）真夏だけではなく、初夏から秋まで発生しています。このまま温暖化が進むと、日本で真夏日を記録する日が百日程度にまで増えると予測されます。温暖化はもはや遠い将来の話ではなく、私たちの生活のすぐそばまで迫《せま》っている危機であり、今までとは違《ちが》った新たな防災対策や対応が必要となっているのです。

【２】世界に目を転じると、日本よりももっと深刻な影響《えいきょう》や被害《ひがい》が出ているところが多くあります。北極の海氷は年々解けて縮小しており、二〇一二年九月には過去最少記録を塗《ぬ》り替《か》えています。ヒマラヤ山脈《さんみゃく》の氷河も年々縮小しており、大量の雪解け水が山脈の谷にたまって湖（氷河湖）を形成しています。

【３】温暖化は、人間が産業革命以降ずっと排出《はいしゅつ》し続けてきた②温室効果ガスの影響によって引き起こされていることは、今や世界中の地球温暖化を研究する科学者たちが認めているところです。温室効果ガスとは、大気を温めるガスのことで、二酸化炭素、メタン、一酸化窒素《ちっそ》、フロンガスなどの様々な種類がありますが、代表的なものは二酸化炭素です。その二酸化炭素はなぜ増えたのでしょうか？

【４】人類は、イギリスなどヨーロッパを中心に十八世紀半ばごろから、石炭を燃料として使ってエネルギーを作りだし、工業化を進めました。（　Ｂ　）石炭を燃焼《ねんしょう》させて蒸気を作り、その蒸気で工場の機械を動かしたり、蒸気機関車を走らせたりしたのです。それによって大きな工場で労働者を使っての大量生産が可能となり、町ができ、人口が増えて、人々の生活は一変しました。さらに十九世紀後半以降は石油が使われるようになり、車を走らせ、電気を作りだし、いろいろな工業製品が作られるようになって、先進国は今日の豊かな生活を手にしました。これらの生活を支える③石炭や石油、天然ガスは、化石燃料と呼ばれます。昔の動植物の死骸《しがい》が地中に堆積《たいせき》して、そこで長い期間かかって加圧・加熱されてできた化石であるためです。化石燃料は炭素の塊《かたまり》であるため、燃料としてこれらの化石燃料を燃やすと、空気中の酸素とくっついて二酸化炭素となり、大気中に出ていきます。つまり、私たちが電気を使ったり、車に乗ったり、工場で作られたものを使って暮らしている生活は、二酸化炭素を出し続けている生活なのです。二酸化炭素の排出量を見ると、一八五〇年ごろ（産業革命）から急激に増えています。これが地球温暖化を引き起こしているのです。

【５】この二酸化炭素をはじめとする温室効果ガスは、熱を吸収する性質があります。地球上には、太陽からの光が降り注いでおり、（　Ｃ　）地球から宇宙に向かって赤外線（熱）を放出することで、一定の温度を保っています。もし大気に温室効果ガスがないならば、地球の平均気温が氷点下十九度であると言われており、この状態では人類が住める環境《かんきょう》ではありません。しかし温室効果ガスがあるので熱を吸収して、一部の熱が宇宙へ逃《に》げずに、大気中に留《とど》まって地球を暖かく保つ役割を果たしています。このおかげで地球の平均気温が十四度となって、私たちが暮らせる環境ができているのです。（　Ｄ　）今は、人間活動によって大気中に温室効果ガスが増えすぎてしまいました。熱を吸収するガスが増えるわけですから大気が前よりも温まってしまうのです。これが現在起きている④地球温暖化の仕組みです。

（「地球温暖化は解決できるのか」小西雅子　岩波ジュニア新書）

問一　（　Ａ　）～（　Ｄ　）に入る言葉として最もふさわしいものを選び、記号で答えなさい。

ア　また　イ　しかし　ウ　たとえば　エ　しかも

（Ａ）

（Ｂ）

（Ｃ）

（Ｄ）

問二　――線部①「猛暑《もうしょ》日」と新しく名付けた理由を本文中の言葉を用いて答えなさい。

問三　――線部②について答えなさい。

（１）「温室効果ガス」をどのように言いかえているか、本文中から八字で二つぬき出しなさい。

二〇二二年度　山梨英和中学校　一般入試問題

受験番号		名前	

（2）「温室効果ガス」を急増させた歴史的できごとは何か、本文中から四字でぬき出しなさい。

（3）もしも大気中から「温室効果ガス」がなくなるとどうなるか、具体的に答えなさい。

問四　――線部③について答えなさい。

（1）「石炭や石油、天然ガス」のような燃料は別に何と呼ばれるか、本文中からぬき出しなさい。

（2）これらを用いて人間の生活を向上させたものの具体例を、本文中から二つぬき出しなさい。

問五　次の内容が書かれた段落はどこでしょうか。段落番号【1】～【5】で答えなさい。

ア　世界の温暖化の例が書かれた段落

イ　温暖化の原因を答え、新たにそうなった理由を問題提起している段落

ウ　日本の温暖化の例が書かれた段落

ア	イ	ウ

問六　――線部④「地球温暖化」を防ぐための方法を、本文の内容から考えて答えなさい。

三　次の各文の＝＝線部がかかっていくところを選び、記号で答えなさい。

① アここでは　どなたでも　イ自由に　ウどんなことでも　エ発言できます。

② ア母が　わたしの　イ弟の　ウ学校に　エ電話を　オかけた。

③ ア友情、　それが　イ今　ウあなたにとって　エいちばん　オ大切な　カたからものだ。

④ ア勉強を　イしたので　正しく　ウ字が　エ書ける。

⑤ ア勉強を　イしたので　正しい　ウ字が　エ書ける。

①	②	③	④	⑤

四　次の各文の――線部について、ひらがなは正しく漢字で書き、漢字はひらがなで読みを書きなさい。（送り仮名のあるものは送りがなも書きなさい。）

① すんぽうをはかる。

② 国技館のどひょう。

③ 合唱をしきする。

④ 台風にそなえる。

⑤ 人々を救いへとみちびく。

⑥ らんざつな部屋。

⑦ そぼの家に行く。

⑧ 日本海えんがん。

⑨ 貧富の差をなくそう。

⑩ 仲間を率いて助けに行く。

①	②	③	④	⑤

⑥	⑦	⑧	⑨	⑩

一般入試　算　数　山梨英和中学校

（試験時間　５０分）

注意
１．始めの合図があるまで、問題を開いてはいけません。
２．始めの合図があったら、すべての問題用紙に受験番号と名前を書きなさい。
３．時間は５０分です。
４．解答は決められた場所に、はっきりと記入しなさい。また、すべての問題について考え方がわかるように途中の計算もきちんと書きなさい。
５．問題の印刷が読めないときや、質問があるときは静かに手をあげなさい。
６．終わりの合図があったら解答をやめ、係の先生の指示にしたがいなさい。

受験番号				名前	
	0	0	0		
	1	1	1		
	2	2	2		
	3	3	3		
	4	4	4		
	5	5	5		
	6	6	6		
	7	7	7		
	8	8	8		
	9	9	9		

２０２２年度　山梨英和中学校　一般入試問題　算数　1

受験番号	氏名

※100点満点
（配点非公表）

注意事項 すべての問題について、考え方が分かるように途中の計算をきちんと書きなさい。

1 次の計算をしなさい。

（1） $5\times(25-6\times3)$

（2） $3\frac{2}{5}-2\frac{1}{3}+1\frac{1}{2}$

（3） $\frac{25}{42}\div1\frac{7}{8}\times1\frac{2}{5}$

（4） $19.3\div3.7$

（商は小数第一位まで求め、余りも求めなさい）

商
余り

（5） $0.86\times66+0.37\times66+1.23\times34$

2 次の問いに答えなさい。

（1） 英子さんがもっているチョコレートは、70 g あたり 28 g の脂質が含まれている。このチョコレートを 60 g 食べたとき、脂質は何 g 含まれていましたか。

[式]

（2） 和子さんは、家から学校まで時速 4.2 km の速さで行くと 25 分かかる。分速 50 m で行くと何分かかりますか。

[式]

（3） 210 と 1155 の最大公約数を求めなさい。

[式]

２０２２年度　山梨英和中学校　一般入試問題　算数　２

受験番号	氏名

3 和子さんの学校には、男子 150 人、女子 144 人の生徒が通っている。この人数は昨年の人数より、男子は 25 %増え、女子は 10 %減った人数である。次の問いに答えなさい。

（1）昨年の男子の人数を求めなさい。

[式]

（2）学校全体としては、昨年より何%増えましたか。

[式]

4 同じ数をかけ合わせた積を次のように表すとき、次の問いに答えなさい。

例　2 を 3 回かけ合わせる　→　$2\times2\times2$　→　2^3

　　5 を 4 回かけ合わせる　→　$5\times5\times5\times5$　→　5^4

（1）2^5 を計算しなさい。

[式]

（2）3 を何回かけ合わせても一の位には決まった数字しか現れない。現れる数字をすべて求めなさい。

[式]

（3）3^{123} を計算したときの一の位の数字を求めなさい。

[式]

（4）$3^2+3^3+3^4+\cdots\cdots+3^{123}$ を計算したとき、一の位の数を求めなさい。

[式]

２０２２年度　山梨英和中学校　一般入試問題　算数　３

受験番号	氏名

5 英子さんは、毎日算数を１時間勉強した後に休けいを15分取り、国語を１時間勉強している。ある日、連続60分間の学習をするより、休けいを取りながら15分間の学習を３回、計45分間の学習をする方が1.2倍効果があることを知った。次の問いに答えなさい。

（１）算数を１時間学習するかわりに、15分間の学習を３回することとする。休けい時間を均等に取るとき、１回の休けい時間は何分何秒ですか。

[式･考え方]

（２）学習を始めてから終わるまでの時間を変えないで15分間の学習をするとき、最大で15分間の学習を何回することができますか。ただし、休けい時間はすべて２分間とする。

[式･考え方]

6 面積が50.24 cm^2 の円【図１】がある。その円の中にできるだけ大きい正方形【図２】をかく。さらにその正方形の中にできるだけ大きい円【図３】をかく。これを続けて正方形と円をかいていくとき、次の問いに答えなさい。ただし，円周率は3.14とする。

【図１】

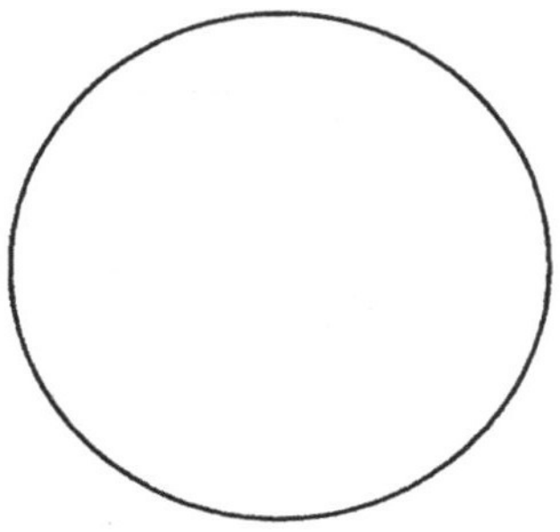

【図２】

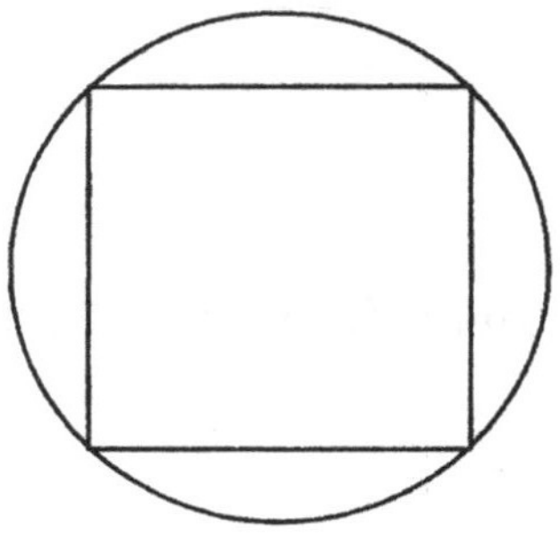

【図３】

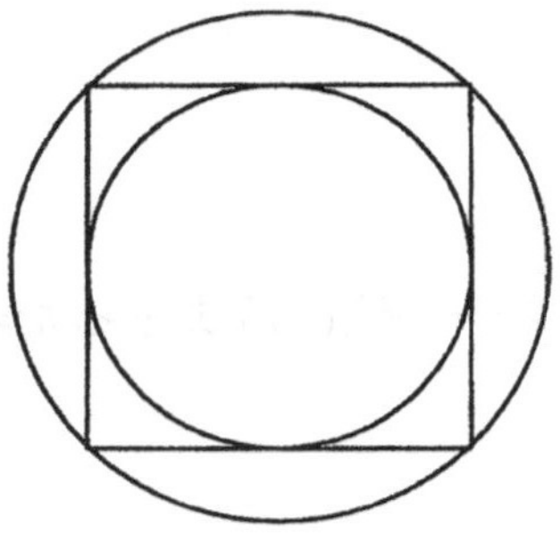

【図４】

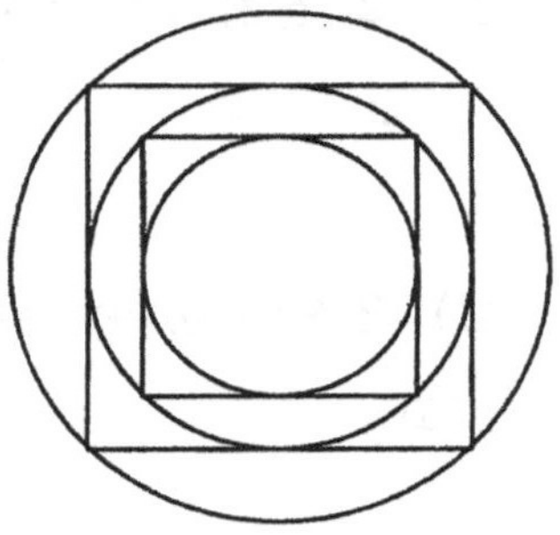

（１）【図１】の円の半径を求めなさい。

[式]

（２）【図２】でかかれた正方形の面積を求めなさい。

[式]

（３）【図４】にかかれている最も小さい円の面積を求めなさい。

[式]

2022専願 国語

専願入試　国語　山梨英和中学校

（試験時間　五〇分）

注意

1．始めの合図があるまで、問題を開いてはいけません。
2．始めの合図があったら、すべての問題用紙に受験番号と名前を書きなさい。
3．時間は五〇分です。
4．解答は決められた場所に、はっきりと記入しなさい。
5．問題の印刷が読めないときや、質問があるときは静かに手をあげなさい。
6．終わりの合図があったら解答をやめ、係の先生の指示にしたがいなさい。

名前				受験番号
	0 1 2 3 4 5 6 7 8 9	0 1 2 3 4 5 6 7 8 9	0 1 2 3 4 5 6 7 8 9	

二〇二二年度　山梨英和中学校　専願入試問題

受験番号		名前	

国語1

※100点満点
（配点非公表）

一　**次の文章を読んで後の問に答えなさい。字数制限《せいげん》のあるものは、句読《くとう》点（「。」「、」）も一字に含《ふく》みます。**

読解力は、世の中のさまざまなものごとや他者とのコミュニケーションの「場」を正しく理解する力ですので、大人の場合には仕事に直結して役立つ力と言えるでしょう。読解力を鍛《きた》えるために何をしたらよいのか。答えは※シンプルです。まずは読解力の※ベースとなる、知識と教養を身につけましょう。

では知識と教養の違《ちが》いとは、何でしょうか。本や新聞、学校の授業などから得るものは、知識です。（　A　）一問一答のクイズに即座《そくざ》に答えることができる人は、知識が豊富で「物知り」です。ただし、物知り※イコール「教養のある人」とは限りません。物知りは、暗記力を※駆使《くし》してものごとをバラバラに知っているだけなのです。

それらの知識を自分の言葉にして伝えられたり、知識と知識を結びつけて何らかの論理を作ったりと、自由自在に駆使できるようになって初めて、その人は①教養のある人だと言えるでしょう。

この原稿を執筆《しっぴつ》している二〇二〇年夏、新型コロナウイルスはなおも日本や世界で猛威《もうい》を振《ふ》るっています。このウイルスに関して、さまざまな※デマがネット上で飛び交《か》いました。私も3月に知人から、「新型コロナウイルスは熱に弱いので、36度のお湯を飲めば体内に入ったウイルスも死滅《しめつ》させることができるそうですよ」というメールをもらいました。

②その人は善意で連絡《れんらく》をくれたのですが、これは完全なデマですね。36度のお湯を飲むだけでウイルスが死滅（正確には不活性化）するのであれば、人間の体温は約36度ですから、ウイルスは人間の体内に入った瞬《しゅん》間《かん》に死滅するはずです。（　B　）この時点で、世界中で多くの人が、残念ながら新型コロナウイルスの影響《えいきょう》で亡くなっていました。

ウイルスが熱に弱いのは確かですし、人がときに40度近い高熱を出すのは、免疫細胞《めんえきさいぼう》がその熱でウイルスの不活性化を試みるためです。けれども肺や感染する細胞ひとつひとつにお湯を流し込むことはできないので、お湯を飲んでウイルスを死滅させることは不可能です。少し考えれば、なんだか怪《あや》しい話だな、と気づくことができるでしょう。これがまさに、③「知識が教養になっていない」例《れい》です。「人間の体温は約36度」「肺に水を流し込むことはできない」という学校で習うような知識があっても、それがとっさに出てこない人が実際には数多くいるのです。しかしあとからじっくりと考えてみれば、これはおかしな話だと誰《だれ》しも気づけたはずです。これがつまり知識の運用力、すなわち教養があるかないかの境目と言えます。

④知識は常に活用していきましょう。そうしておかないと錆《さ》びついてしまい、いざというときに出てこなくなってしまいます。

さらにこのコロナ禍《か》をきっかけに、ウイルスについて勉強してみるとなおいいでしょう。たとえばウイルスは、遺伝子がタンパク質の殻《から》でくるまれただけの存在です。石けんを使って手を洗うと、そのタンパク質を破壊《はかい》し溶《と》かすことができます。（　C　）、石けんで手を洗うことが大事なんだ、と理解できるようになります。また細菌《きん》は細胞膜《まく》を持っていますが、ウイルスは細胞膜を持っていません。抗生《こうせい》物質には細胞膜を破壊する働きがあるため、【　Ｉ　】

ウイルスに効《き》く「抗ウイルス薬」はまだ少なく、インフルエンザやヒト免疫《めんえき》不全ウイルス（ＨＩＶ）、Ｂ型、Ｃ型肝炎《かんえん》の薬といった限られたものしかありません。そのため新型コロナウイルスをはじめウイルス性の病気の多くは症《しょう》状《じょう》を抑《おさ》えるための「対処療《りょう》法《ほう》」という処置を行うことはありますが、⑤基本的には体に備わっている免疫力で戦うしかありません。こうして基礎《きそ》的な知識を得つつ、ひとつひとつの知識についてつながりを持って理解できることこそが、知識の運用力、（　D　）教養です。世間のさまざまなニュースを読み解く力がついていくのです。

「私には教養がないんです」と言う人がいますが、本当にそうでしょうか。義務教育である小・中学校、さらに日本では99％の人が進学する高校で、誰しも基礎的な知識は身につけているはずです。知識はあるけれど、その運用力が欠けているため「教養がない」と感じてしまっているだけです。学校で得た知識を定期テストや受験に使うだけで終わらせず、大人になってからも折に触《ふ》れて振り返り、生活に応用していくことで、教養は身につけることができます。さらには学び続けていくことで、教養はどんどん鍛えていくことができるのです。

（『なぜ、読解力が必要なのか？』　池上　彰）

※シンプル…簡単　※ベース…土台　※イコール…同じ意味　※駆使…自由に使いこなすこと。
※デマ…信用できない情報

問一（　A　）～（　D　）に入る語としてふさわしいものを選び、記号で答えなさい。

ア　すなわち　イ　だから　ウ　しかし　エ　たとえば

A	B	C	D

問二 ―――線部①「教養のある人」とは知識を「どうする」ことができる人か。解答欄《らん》にあてはまる七字の語を文章中から抜《ぬ》き出しなさい。

知識を□□□□□□□することができる人。

受験番号		名前	

問三　――線部②の中の「善意」とは「その人」のどのような気持ちか、解答欄《らん》にあてはまるように答えなさい。

という気持ち。

問四　――線部③「『「知識が教養になっていない』例　です。」とはどのような例か、最もふさわしいものを選び記号で答えなさい。

ア　基本的な内容を理解しなかったため、質問されても答えられない例。
イ　基本的な内容は学校で習っているが、生活の中で使うことができない例。
ウ　学校で習ったことと幼いころ親から聞いた話が一致《いっち》せず、悩《なや》み続ける例。
エ　学校で習ったことが理解できず、大人になってからもう一度勉強し直す例。

問五　――線部④「知識は常に活用していきましょう。」というのはなぜか、理由を文章中の語を用いて答えなさい。

問六　【　Ｉ　】に入る文章として、最もふさわしいものを次から選び記号で答えなさい。

ア　細菌にもウイルスにもまったく効《き》かないのです。
イ　細菌にもウイルスにもよく効くのです。
ウ　ウイルスには効きますが、細菌には効かないのです。
エ　細菌には効きますが、ウイルスには効かないのです。

問七　――線部⑤「基本的には体に備わっている免疫力で戦うしかありません」というのはなぜか。理由を文章中の語を用いて答えなさい。

問八　この文章の内容と合っている文には○を、間違っている文には×を解答欄に書きなさい。

ア　誰よりも多く様々な分野の「知識」を身につけた人は「教養」人である。
イ　人の体温より熱い飲み物を飲むとウィルスに効果《こうか》的である、というのは間違《まちが》った情報《じょうほう》である。
ウ　石けんで手を洗うとタンパク質が分解されるだけなので感染予防にはつながらない。
エ　日本人の多くは教育は受けているが、それを活用する力がないので「教養」がないと思い込《こ》んでいる。

ア	イ	ウ	エ

□二　次の文章を読んで後の問いに答えなさい。　字数制限《せいげん》のあるものは、句読《くとう》点（「。」「、」）も一字に含《ふく》みます。

両親を亡くしたパレアナは教会の「婦人会」の世話になっていましたが、叔母《おば》のミス・パレーのもとに引き取られることになりました。たくさん部屋がある大きな家なのに、窓が一つしかない屋根裏の部屋が与えられたパレアナを召使《めしつかい》のナンシーはかわいそうに思い、いつもパレアナを気づかっていました。ある日、窓から外に出たパレアナを探しに行ったナンシーは大きな岩にすわって空をながめているパレアナを見つけました。

「まあ、パレアナ嬢《じょう》さま、なんていうことでしょう。わたしゃどっきりしましたよ」ナンシーは①あえぎあえぎ大きな岩までよじ登ろうとして、いま、パレアナがすべりおりてきたところでこう言いました。

「どっきりしたの？悪かったわね。でも、ナンシー、あたしのことではけっしてどっきりなんかしてはいけないのよ。お父さんも婦人会の方たちもみんな初めのうちは心配したけど、だいじょうぶだってことがわかったのよ」

「わたしは、お嬢さんが外へ出なすったことさえ知らなかったんですからね」パレアナの手をしっかりと自分の腕《うで》の下に入れて小山をくだりました。「出ていったところをわたしも見ませんでしたし、だれ一人見ないんですもの。屋根から飛びあがったんでしょう？わかってますよ」

パレアナはうれしそうにはねながら、「ええ、そんなものね、飛びあがったんじゃなくて、飛びおりたの、木から降りたのよ」と聞いてナンシーは②棒立ちになりました。

二〇二二年度　山梨英和中学校　専願入試問題

受験番号		名前	

国語3

「なんですって?」

「木から降りてったのよ、部屋の窓の外の木から」

「あきれたことだ。叔母さまがなんとおっしゃるだろうかね」と言ってふたたび歩きだしました。

「なんておっしゃるだろうって?じゃあ、話してみるわ。そうしたらわかるでしょう」と少女は苦もなく言い放ちました。

「とんでもない!③けっしてけっして(　　　)!」

「まあ、しかりなさるって言うの?」パレアナは明らかに心配そうな色を浮《う》かべました。

「いいえ――ええ――まあ。かまいませんわ。わたしは――わたしはべつだん叔母さまのおっしゃることなんか知りたくはありません」と言ったナンシーの心は、あとはあとしても、この一回だけはパレアナをパレー叔母さんの小言《こごと》から救いたかったのです。

「④どっちにしても急いで帰りましょう。まだ夕食の後の皿《さら》洗いがすんでいませんからね」

「　A　」とパレアナは約束しました。

「まあ、パレアナ嬢さん」ちょっとのあいだ二人とも無言でした。そらはとっぷり暗くなりました。パレアナはしっかりとナンシーの腕につかまりました。

「あんたが少しばかりどっきりしたのがうれしいわ。それだから迎えにきてくれたんだものね」パレアナはふるえていました。

「かわいそうに!おなかがすいてるんでしょう。ところが、台所でわたしといっしょにパンと牛乳だけしか食べられないんですよ。夕食にお出にならなかったんで。叔母さまはごきげんが悪いんです」

「いかれなかったのよ、あそこにのぼってたから」

「ええ、でも叔母さまはそれをご存じないんですからね」とナンシーはこみあげてくる笑いをおさえながら、「パンと牛乳じゃあんまりだと思いますよ」

「あたしはうれしいのよ」

「うれしい?なぜですの?」

「あたしはパンと牛乳が好きなんですもの。それにあんたといっしょに食べられるのもうれしいわ。それを喜んだって悪くはないでしょう?」

「あなたはなんでも喜べるらしいですね」あの殺風景な屋根裏の部屋をも喜ぼうとしたパレアナの努力を思い出すと、⑤少し胸がつまってくるような気がしました。

パレアナは低く笑いました。

「　B　」

「え?ゲームですって?」

「ええ、⑥『何でも喜ぶ』ゲームなの」

「いったい、なにを言ってらっしゃるんです、それは?」

「遊びのことを言ってるのよ。お父さんが教えてくだすったの。すばらしいゲームよ。あたし、小さいときからずうっと、この遊びをやってるのよ。婦人会の方たちにもお話したらね、やりだした人もあるのよ」

「どうやるんですの?もっともわたしは遊ぶことはへたなんですがね」

パレアナはためいきまじりの笑いをもらしました。おそってくる夕闇《ゆうやみ》の中にその顔はやせて思い悩《なや》んでいるように見えました。

(中略)

「うれしいことをさがしだすのはそんなにむずかしくないものよ、自然にできてしまうのよ、すっかりなれてからは。たのしいゲームなのよ。お……父さん……とあたしは大好きでいつもいっしょにやってたけど、いまは相手がないから、少しむずかしくなったわ。パレー叔母さんがなさるかもしれないわね」と、これからあとは思いついたらしく、言い添《そ》えました。

「あの方が!めっそうもないことだ」と⑦ナンシーは口の中で言いましたが、その後は声に出して、「パレアナ嬢さん、あたしはあんまりうまくはできないんですが、ごいっしょにやりましょう――なんとかしてね、やりますよ」

「　C　」とナンシーに抱《だ》きつきました。

ナンシーはあまり確かではないらしい顔つきで、「ええ-まあね。あんまりわたしを当てになさらないことですね。遊びごとはてんでだめなんですから。でも、やりますよ。どんなにでも骨折ってね。どうしたって、お嬢さんには相手がなけりゃならないんですからね」こう言い切ったとき、ちょうど台所に入りました。

パレアナはパンと牛乳に舌鼓《したつづみ》を打ちました。それから、ナンシーの注意で叔母さん部屋へはいって行きました。

ミス・パレーは冷たい目で、

「食事はすんだの?」

「　D　」

「台所でパンと牛乳を食べさせなけりゃいけないなんて、いやなことです」

「あら、あたし、うれしかったですわ。パンも牛乳もナンシーも好きですから、叔母さんはちっとも心配なさらないでいいんですの」パレー叔母さんは椅子《いす》にすわり直しました。

「パレアナ、もうお休みなさい。きょうは疲れただろうからね。あたしはお前の時間割を作り、着物を調べて、必要なものは買うことにしましょう。ナンシーがローソクをだしてくれるけど、火の扱《あつか》いに気をつけるんですよ。朝の食事は七時半。ちゃんと食堂へ出ていらっしゃいよ。じゃ、お休み」

パレアナは普通《ふつう》の子供のように、叔母さんのそばへいき、愛情をこめて抱きつきました。

「きょうはおもしろかったわ。あたしはきっと叔母さんのそばにいるのが好きになると思います。ここへくるまえからそう思ってました。お休みなさい」この最後の挨拶《あいさつ》は部屋から走り出ながら言ったのでした。

「驚《おどろ》いたねえ」ミス・パレーは思わず口に出しました。「変わった子だねえ。罰《ばつ》をやれば『うれしい』と言うし、心配はいらないと言ったり、『そばにいるのが好き』になるだろうだってさ。いったい、どうしたって子なんだろう!」ミス・パレーはふたたび本をとりあげました。

十五分の後、屋根裏の部屋で、ひとりぼっちの小さい女の子は敷布《シーツ》に顔をうずめて泣いていました。

(『少女パレアナ』エレナ・ポーター　村岡花子　訳　KADOKAWA)

二〇二二年度　山梨英和中学校　専願入試問題

国語 4

受験番号

名前

問一　――線部①②の語の意味として最もふさわしいものを選び、記号で答えなさい。

①「あえぎあえぎ」　ア　苦しまぎれに　イ　楽しげに　ウ　息苦しそうに　エ　泣きながら

②「棒立ち」　ア　礼儀《れいぎ》正しく立つ　イ　驚《おどろ》いて立ちつくす　ウ　手足を広げて立つ　エ　ゆったり力を抜《ぬ》いて立つ

①

②

問二　――線部③の後の（　　）にはどのような言葉が続くと考えられるか。十字以内で答えなさい。

けっしてけっして

！

問三　［A］から［D］に入る語としてふさわしいものを選び、記号で答えなさい。

ア　まあ、ナンシー、うれしいわ。おもしろいわよ

イ　はい、すみました

ウ　あたし、お手伝いするわ

エ　それがゲームなのよ

A

B

C

D

問四　――線部④はどういうことか。解答欄《らん》にあてはまるように答えなさい。

にしても

にしても

ということ。

問五　――線部⑤のような気持になった理由として最もふさわしいものを選び、記号で答えなさい。

ア　この後に起こる出来事を想像《そうぞう》するだけで、笑いがこらえきれなくなったから。

イ　不満をもらさずきびしい環境《かんきょう》になじもうとするけなげさが心に響《ひび》いたから。

ウ　叱《しか》るだけで、何もしてあげられない自分の無力さを痛いほど感じたから。

エ　この後ミス・パレーにどんな言い訳をするか考えるだけで精一杯《せいいっぱい》だったから。

問六　――線部⑥について、⑴、⑵の問いに答えなさい。

⑴　この「ゲーム」はどんなゲームか。解答欄にあてはまる語を文章中の語を用いて答えなさい。

・どんなに辛いことがあっても、その中から

ゲーム。

⑵　夕食の時間に遅《おく》れて、パンと牛乳だけの夕食をナンシーと台所で食べることになった時、パレアナはこのゲームのルールにあてはめてどのように考えたか。文章中の出来事を参考《さんこう》にして答えなさい。

と考えた。

問七　――線部⑦でナンシーが声に出さずに言ったのはなぜか、理由を説明しなさい。

二〇二二年度　山梨英和中学校　専願入試問題

国語5

受験番号		名前	

三　次の各文の――線部が直接かかっていくところを選び、記号で答えなさい。

① アその　イ小さな　家には　ウ三人の　エ若い　オ女が　カ住んでいた。

② アあの　イ国語の　ウ先生は　まるで　エ歩く辞書のようだと　オいわれている。

③ あぶない　アところに　イむやみに　ウ近づいては　エいけません。

④ スーパーで　アレタスを　イ二つ　ウ買うように　エ息子に　オ頼《たの》んだ。

⑤ ア部屋の　イ中が　ウストーブで　しだいに　エゆっくり　オ温まってきた。

①	②	③	④	⑤

四　次の各文の――線部のひらがなは正しく漢字で書き、漢字はひらがなで読みを書きなさい。
（送りがなのあるものは送りがなも書きなさい。）

① つくえを運ぶ。

② こきゅうを整える。

③ こまり果てる。

④ ざっしをたばねる。

⑤ 宣教師たちのはたらき。

⑥ たいそう選手。

⑦ 諸説あります。

⑧ 広場中央のいずみ。

⑨ そんけいする人物。

⑩ 満潮の時間。

①	②	③	④	⑤

⑥	⑦	⑧	⑨	⑩

専願入試　算　数A　山梨英和中学校

（試験時間　２５分）

注意

１．始めの合図があるまで、問題を開いてはいけません。

２．始めの合図があったら、すべての問題用紙に受験番号と名前を書きなさい。

３．時間は２５分です。

４．解答は決められた場所に、はっきりと記入しなさい。また、すべての問題について考え方がわかるように途中の計算もきちんと書きなさい。

５．問題の印刷が読めないときや、質問があるときは静かに手をあげなさい。

６．終わりの合図があったら解答をやめ、係の先生の指示にしたがいなさい。

受験番号				名前	
	0	0	0		
	1	1	1		
	2	2	2		
	3	3	3		
	4	4	4		
	5	5	5		
	6	6	6		
	7	7	7		
	8	8	8		
	9	9	9		

２０２２年度　山梨英和中学校　専願入試問題　算数Ａ　１

受験番号	氏名

※50点満点
（配点非公表）

注意事項 **すべての問題について、考え方が分かるように途中の計算をきちんと書きなさい。**

1 次の計算をしなさい。

（１）$98-20\times3$

（２）$10.02-4.5$

（３）$2.4-\left(\frac{2}{5}-\frac{1}{4}\right)$

（４）$5236\div145$

（商は一の位まで求め、余りも求めなさい）

（５）$\frac{8}{15}\times1\frac{3}{4}\div4\frac{1}{5}$

商	
余り	

2 次の問いに答えなさい。

（１）全校生徒 720 人の 4 割が女子生徒であるとき、女子生徒の人数を求めなさい。

〔式〕

（２）英子さんは家から 500 m 離れたところにある公園まで行って家に戻った。行きは毎分 50 m の速さで歩き、帰りは行きの $\frac{5}{4}$ 倍の速さで歩いた。英子さんが家を出発してから帰るまで、全部で何分かかりましたか。

〔式〕

（３）右の図の影をつけた部分の周の長さを求めなさい。

ただし、円周率は 3.14 とする。

〔式〕

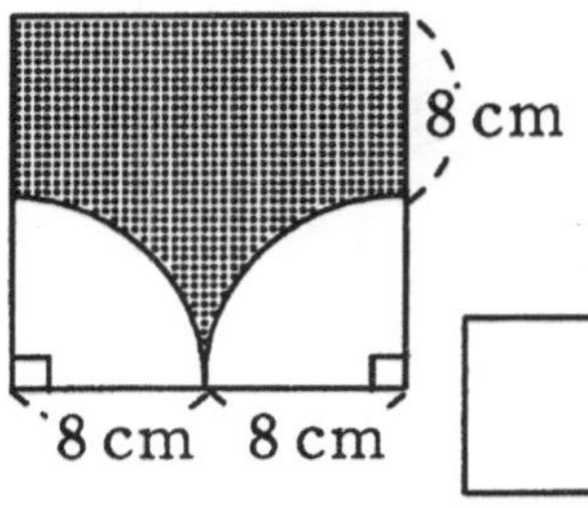

受験番号	氏名

3 英子さんは、洗濯洗剤を買うのにどのサイズが得かを考えています。空欄にあてはまる文字や数字を書きなさい。

Ｓサイズは 700 g 入りで 280 円なので、10 g あたり［　　］円である。M サイズはＳサイズの 2.2 倍の量が入っているので、全部で［　　］g 入っており、値段は 462 円なので、10 g あたりの値段は［　　］円。

Ｌサイズは 1820 g 入っているのでＳサイズの［　　］倍の量が入っている。値段は 637 円で 10 g あたり［　　］円だから、［　　］サイズが一番得である。

よって、毎日 35 g ずつ使うとすると、一番安いサイズのものは一番高いサイズよりも 1 ヶ月 (30日) で［　　］円得である。

4 【図１】は直方体で、【図２】は【図１】の展開図である。下の問いに答えなさい。

【図１】

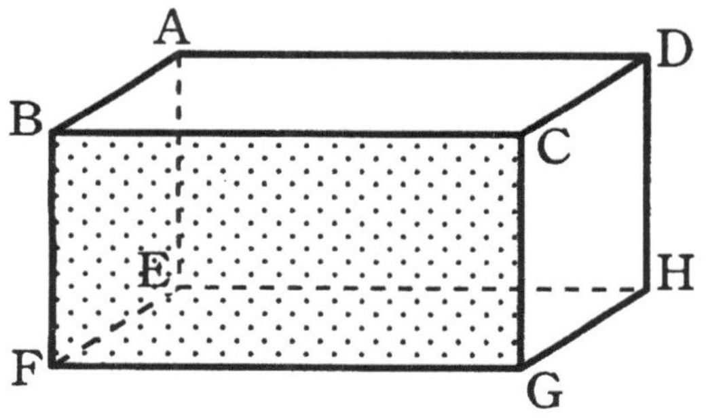

【図２】

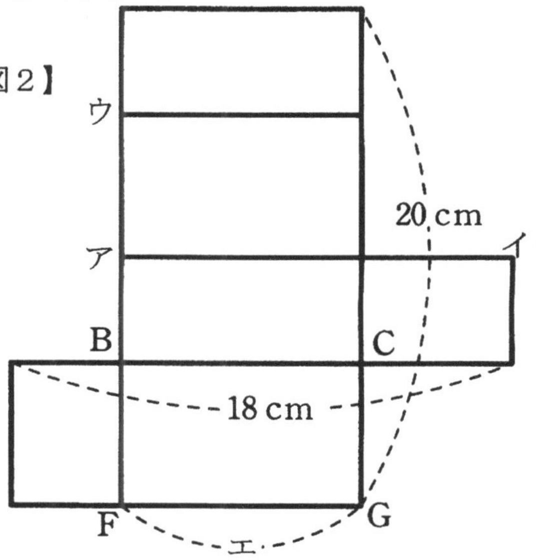

（1）ア、イ、ウにあてはまるアルファベットを答えなさい。

ア	イ	ウ

（2）エの長さを求めなさい。

〔式〕

（3）直方体の影をつけた部分の面積が 48 cm^2 であるとき、この直方体の体積を求めなさい。

〔式〕

専願入試　算　数B　山梨英和中学校

（試験時間　２５分）

注意
1．始めの合図があるまで、問題を開いてはいけません。
2．始めの合図があったら、すべての問題用紙に受験番号と名前を書きなさい。
3．時間は２５分です。
4．解答は決められた場所に、はっきりと記入しなさい。また、すべての問題について考え方がわかるように途中の計算もきちんと書きなさい。
5．問題の印刷が読めないときや、質問があるときは静かに手をあげなさい。
6．終わりの合図があったら解答をやめ、係の先生の指示にしたがいなさい。

受験番号				名前	
	0	0	0		
	1	1	1		
	2	2	2		
	3	3	3		
	4	4	4		
	5	5	5		
	6	6	6		
	7	7	7		
	8	8	8		
	9	9	9		

２０２２年度　山梨英和中学校　専願入試問題　算数Ｂ　１

受験番号	氏名

注意事項 **すべての問題について、考え方が分かるように途中の計算をきちんと書きなさい。**

※50点満点（配点非公表）

1 次の計算をしなさい。

（１）$27 \times 34 + 623 \div 7$

（２）$5.6 \times 2.5 - 7.2$

（３）$4 - \left(9 + 2\frac{2}{3}\right) \div 5$

（４）$2.7 \times 4.6 + 2.7 \times 3.1 + 2.7 \times 2.3$

2 次の問いに答えなさい。

（１）姉は 1210 円、妹は 470 円持っていた。姉が妹にいくらか渡したところ、姉と妹の所持金の比は 4：3 になった。姉は妹にいくら渡したでしょうか。

[式]

（２）秒速 48 m で走る新幹線は、12 km 進むのに何分何秒かかりますか。

[式]

（３）下の図の影のついた部分の面積を求めなさい。ただし、円周率は 3.14 とする。

[式]

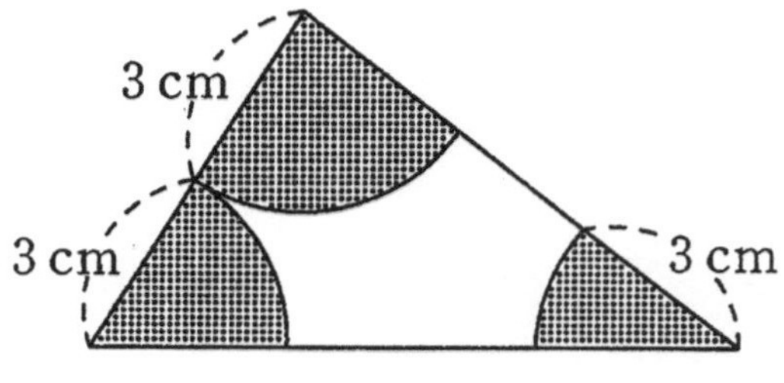

受験番号	氏名

3 【図１】のような直方体の容器の中に仕切り板がついている。仕切り板の左側には水を入れる水道 A が、右側の底には水を抜く排水口 B がついている。はじめは B を閉じて一定の割合で水を入れる。【図２】は水を入れ始めてからの時間と水面の高さの関係を表したグラフである。次の問いに答えなさい。ただし、仕切りの厚みは考えないものとする。

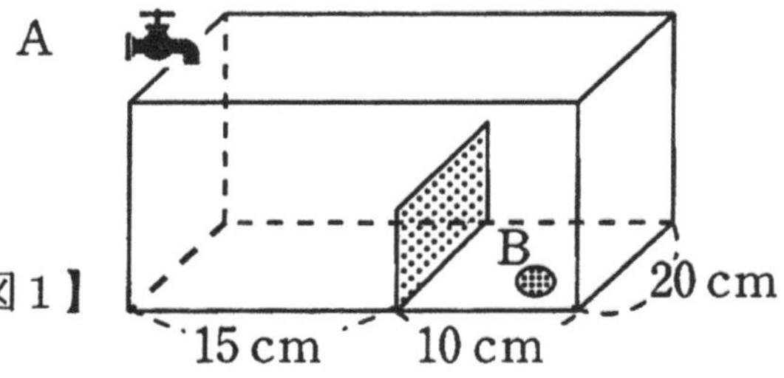

【図１】

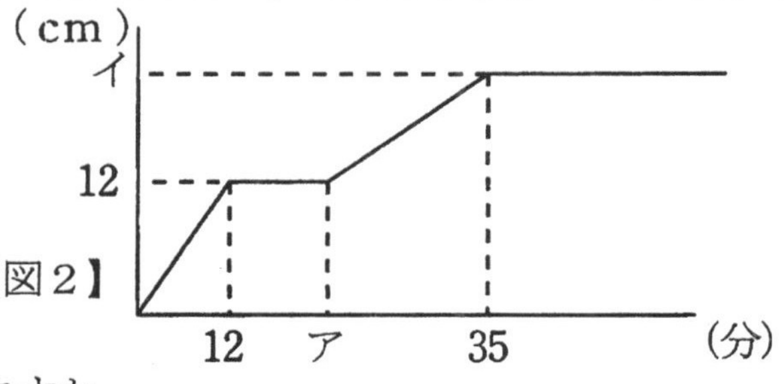

【図２】

（1）水道 A からは毎分何 cm^3 の水が入れられていますか。

[式]

（2）【図２】のアとイにあてはまる数を求めなさい。

[式]

ア

イ

（3）容器がいっぱいになったところで水道 A から出る水をとめ、排水口 B から毎分 230 cm^3 の割合で水を抜いたとき、水が出なくなるまでに何分かかりますか。

[式]

4 3 , 7 , 11 , 15 , 19 , … のように一定の大きさずつ増えたり減ったりする数の列のことを等差数列という。

（1）次の等差数列のア，イに当てはまる数を答えなさい。

① [ア] , [ ] , 51 , [ ] , 79 , 93 , …　　② [ ] , 14 , [イ] , [ ] , 32 , …

ア

イ

（2）等差数列 1 , 4, 7 , 10 , 13 , … について次の問いに答えなさい。

① 30 番目の数を求めなさい。

[式]

② 250 は何番目の数ですか。

[式]

専願入試 英 語 山梨英和中学校

（試験時間　２５分）

注意
１．始めの合図があるまで、問題を開いてはいけません。
２．始めの合図があったら、すべての問題用紙に受験番号と名前を書きなさい。
３．開始後すぐに、Watch and Listen が始まりますので、問題用紙を準備しなさい。
４．時間は Watch and Listen を含めて２５分です。
５．解答は決められた場所に、はっきりと記入しなさい。
６．問題の印刷が読めないときや、質問があるときは静かに手をあげなさい。
７．終了の合図があったら解答をやめ、係の先生の指示にしたがいなさい。

受験番号				名前	
	0	0	0		
	1	1	1		
	2	2	2		
	3	3	3		
	4	4	4		
	5	5	5		
	6	6	6		
	7	7	7		
	8	8	8		
	9	9	9		

2022年度　山梨英和中学校　専願入試問題　英語１

受験番号		名前	

※50点満点
（配点非公表）

Ｉ　Watch and Listen　　※映像省略

Part 1　映像をよく見て英語を聞いてください。質問の答えとして最も合うものを３つの中から１つ選んで、記号で答えなさい。問題は２回ずつ読まれます。

(1)　(A)　(B)　(C)

(2)　(A)　(B)　(C)

(3)　(A)　(B)　(C)

(4)　(A)　(B)　(C)

Part 2　映像をよく見て２人のやり取りを聞いてください。それについての質問を聞き、その答えとして最も合うものを１つ選んで、記号で答えなさい。問題は２回ずつ読まれます。

(1)
(A) The big brown dog.
(B) The small brown dog.
(C) The black dog.

(2)
(A) The fried chicken and salad.
(B) The fried chicken and some bread.
(C) The fried chicken, some juice and the cake.

(3)
(A) At 10：15.
(B) At 10：25.
(C) At 10：50.

(4)
(A) Go home.
(B) Ride a bicycle.
(C) Drive a car.

2022年度　山梨英和中学校　専願入試問題　英語2

受験番号		名前	

Ⅱ 筆記問題

Part 1　次の各文の（　　）に入れるのに最も合うものを４つの中から１つ選んで、番号で答えなさい。

(1)　Tom likes sports and can (　　) very fast.
1. see　2. sleep　3. play　4. run

(2)　I have two sisters.　(　　) names are Mary and Susan.
1. My　2. Your　3. Our　4. Their

(3)　It's (　　) in this room.　I want a hot drink.
1. hot　2. fine　3. cold　4. warm

(4)　I play the piano, but my mother (　　).
1. isn't　2. aren't　3. don't　4. doesn't

(5)　A : Mark! (　　) read comic books in the classroom.
B : Sorry, Mr. Black.
1. Don't　2. Aren't　3. Isn't　4. Doesn't

(6)　A : What (　　) do you like?
B : I like green.
1. season　2. color　3. music　4. animal

Part 2　次の会話について、（　　）に入れるのに最も適切なものを４つの中から１つ選んで、番号で答えなさい。

(1)　Boy: Do you have any pets?
Girl: Yes, (　　)　One hamster and two dogs.

1. it's mine.　2. I have three.
3. I like your cat.　4. it's brown.

(2)　Girl: Do you like my new shirt?
Mother : (　　)

1. Yes, it's pretty.　2. No, it's not.
3. No, thank you.　4. That's right.

(3)　Girl: Here is your birthday present.
Boy: Wow. Thank you. Can I open it?
Girl: (　　)

1. I can't open it.　2. Thank you.
3. Yes, of course.　4. You're welcome.

2022 年度　山梨英和中学校　専願入試問題　英語 3

受験番号		名前	

Part 3 次の絵の内容を最もよく表しているものを４つの中から１つ選び、番号で答えなさい。

(1)

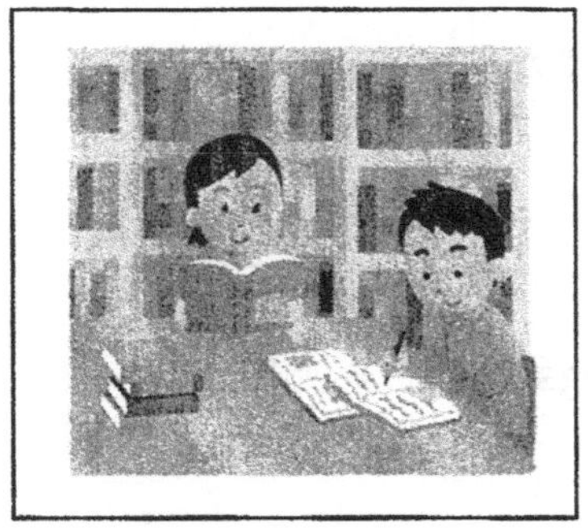

1. They are in the library.
2. They are at the zoo.
3. They are in the park.
4. They are at the station.

(2)

1. She is washing the dishes.
2. She is eating dinner.
3. She is cutting vegetables.
4. She is cooking.

(3)

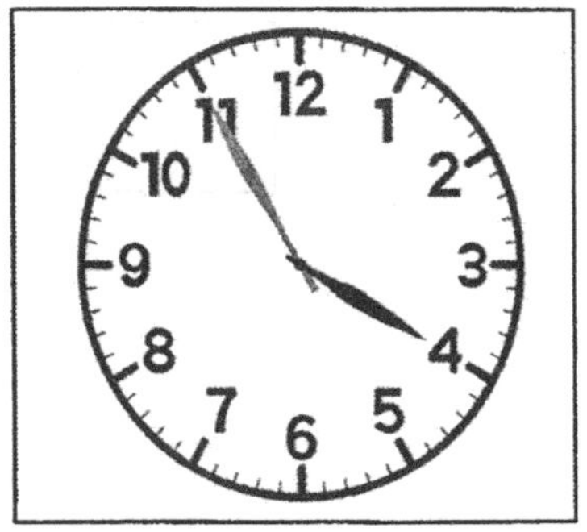

1. It's four o'clock.
2. It's almost four o'clock.
3. It's four fifty.
4. It's four fifty five.

Part 4 次のポスターについての質問を読み、その答えとして最も合うものを１つ選び、記号で答えなさい。

A Concert in the City Park

We will have a concert in the City Park.
Let's enjoy listening to some famous bands in our beautiful park!

Date: June 25th, Friday to July 4th, Sunday
Time: 6 p.m. to 8 p.m.
Fee: 20 dollars per person

*Food and drink shops are open from 6 p.m. to 7:30 p.m. on Saturdays and Sundays.

*If it rains, we will have the concert in the gym near the park.

(1) What time does the concert end?
1. At six in the morning.　2. At eight in the morning.
3. At six in the evening.　4. At eight in the evening.

(2) If you want to go to the concert with your brother, how much do you need?
1. 10 dollars　2. 25 dollars
3. 40 dollars　4. 50 dollars

(3) If you want to enjoy food and drink, what will you do?
1. Go to the concert on June 25th.
2. Go to the park before six.
3. Go to the concert on Saturdays or Sundays.
4. Go to the park at eight.

(4) When it rains, where are they going to have the concert?
1. In the park.　2. In the gym.
3. In the shop.　4. In the concert hall.

2022 中学推薦
作文

中学推薦入試　作　文　山梨英和中学校

（試験時間　三十分）

注意

一、始めの合図があるまで、問題を開いてはいけません。
二、始めの合図があったら、問題用紙と解答用紙に受験番号と名前を書きなさい。
三、時間は三十分です。
四、作文の決まりを守って、はっきりと記入しなさい。
五、問題の印刷が読めないときや、質問があるときは静かに手をあげなさい。
六、終わりの合図があったら解答をやめ、係の先生の指示にしたがいなさい。

受験番号	
名前	

作文　二〇二二年度　山梨英和中学校入学試験　問題用紙

受験番号

名前

パラリンピックの始まりは、戦争で傷つき、身体に障がいを負った兵士たちへの治療《ちりょう》がきっかけでした。イギリスの首都ロンドン北西の町にある病院で、第二次世界大戦で車いすでの生活をすることになった患者《かんじゃ》たちに、パンチボールなどのスポーツ活動を導入しました。一九四四年のことです。その後、バスケットボールやアーチェリーも行われるようになりました。スポーツをすることで、患者は体力だけではなく、精神的にも回復をし、再び社会の中で生活を送れるようになりました。

二〇一二年のロンドン大会の際には、精力的なパラリンピック教育もあり、たくさんの観客が競技会場に足を運んで観戦しました。パラリンピックによって障がいへの理解をうながしたとも言われています。日本ではどうでしょうか？これまではそれほど注目されてこなかったパラリンピックですが、テレビ放送の時間は増えてきています。昨年の東京大会ではボッチャが「地上のカーリング」として注目を集めました。

東京オリンピック・パラリンピックでは、世界中からたくさんの選手が日本を訪れました。大会後の日本は、日本の人々はどのように変わるのか。世界の平和とオリンピック・パラリンピックの関係を考えるにはよい機会となるでしょう。

『12の問いから始めるオリンピック・パラリンピック研究』（坂上康博）

設問　――線部のように、東京パラリンピック後、日本がどう変わるのか、世界から注目されています。障がいを持つ人が暮らしやすい社会にするために、どんなことが必要でしょうか。あなたの考え、アイデアを四〇〇字以上五〇〇字以内で書きなさい。

作文

二〇二二年度 山梨英和中学校入学試験 原稿用紙

2022 中学自己推薦
作文

受験番号

名前

500字

400字

（評価基準非公表）

論文

二〇二二年度　山梨英和中学校入学試験　解答用紙

受験番号

氏名